★ 알쏭달쏭, 투표와 선거에 관한 모든 것 ★

대통령은 누가 뽑나요?

정관성 글 ★ 김미정 그림

> 작가의 말

2017년 3월에 박근혜 전 대통령이 파면될 것을 예견한 사람이 있어요. 그게 누구냐고요?

이 책을 쓴 얼큰 아저씨, 바로 저랍니다. 점쟁이도 아닌데 어떻게 알았냐고요? 실은 2016년 12월 9일 국회에서 '대통령 박근혜 탄핵 소추안'이 국회의원 234명의 찬성으로 의결되는 순간, 이제 대통령은 곧 청와대에서 방을 빼겠구나 생각했죠. 그때 이 책을 쓰기로 마음먹었답니다.

"곧 대통령이 하야(스스로 사퇴)하거나 파면(재판에서 탄핵 결정)되면, 새로 대통령 선거를 하게 될 텐데 우리 자라는 세대에게 어떤 이야기를 해 줘야 할까?"

고민에 고민을 거듭했어요. 무엇보다 이 책을 읽는 어린이 독자들이 선거란 어렵고 딱딱한 것이 아니라고 생각할 수 있으면 좋겠다 싶었죠. 더불어 민주주의가 가진 가치에 대해서도 한번쯤 생각해 보면 좋겠고요.

그런데 뉴스도, 정치도 너무 어렵지는 않나요? 어렵고 복잡해 보이는 정치 이야기지만, 국가와 사회는 정치 없이는 운영되기가 힘들어요. 그리스 철학자인 아리스토텔레스는 '사람은 정치적 동물이다.'라는 말도 했잖아요. 학교에서 반장도 뽑고, 전체 회장도 뽑지요? 이게 바로 민주적인 정치를 연습하는 과정이랍니다.

책을 읽다 보면 '선거는 대화'라는 말이 자주 나와요. 선거는 모든 국민이 정치를 할 수 없으니 국민의 일을 대신하는 대리인이자 대표를 뽑는 일이에요. 우리나라 헌법 제1조 2항이 어떤 내용인지 아나요? 바로 '대한민국의 주권은 국민에게 있고, 모든 권력은 국민으로부터 나온다.'입니다. 그러니까 선거로 뽑힌 사람들이 주인이 아니라 바로 '대표자를 뽑는 국민이 주인'이라는 말입니다.

국민은 늘 원하는 것이 있어요. 대표가 되려는 사람은 국민에게 원하는 것을 잘 들어주겠다고 설득하

고, 국민은 원하는 것을 잘 실천해 나갈 수 있는 사람이라고 생각되면 지지해 줘요. 많은 지지를 받아 대표가 되면 국민과 했던 약속을 지키기 위해 열심히 일해야 하죠. 약속한 일을 잘못하면 다시 국민의 심판을 받아요. 그 심판은 탄핵일 수도 있고, 다음 선거에서 지지해 주지 않는 것일 수도 있어요.

국민들을 대표해서 열심히 일하겠습니다!

이 원리는 친구 사이에서도, 가정에서도, 물건을 살 때에도 비슷하게 적용됩니다. 친구를 설득해서 뭔가 약속했는데, 약속을 지키지 않는다면 여러분은 어떻게 하죠? 약속을 지킬 것을 요구하겠죠? 그리고 약속을 자꾸 어기는 친구랑 잘 지내기는 어려울 겁니다.

여러분은 어떤 나라를 꿈꾸나요?

여기저기서 "국민 모두가 행복하고 살기 좋은 나라요."라고 대답하는 소리가 들리는 거 같네요. 그렇다면 행복하고 살기 좋은 나라는 어떻게 만들어지죠? 열심히 일하고 공부하면 만들어지나요? 군대가 강하면 만들어지나요? 우리만 잘 살자고 외국과 협력하지 않아도 만들어질까요?

얼큰 아저씨는 그러기 위해선 무엇보다 '합리적인 나라'를 만들어야 한다고 생각해요. 열심히 공부한 사람은 자신의 실력을 충분히 발휘할 수 있어야 하고, 열심히 일한 사람은 그에 알맞은 대우를 받아야 하고, 나라 안에서는 서로 대화와 협력으로 문제를 해결하고, 외국과는 평화를 최우선으로 생각하며 서로에게 믿음을 주는 나라가 바로 합리적인 나라라고 생각해요. 그런 나라는 민주적 질서의 바탕인 '대화와 소통'으로 만들 수 있어요.

여러분은 어떤 나라를 꿈꾸나요? 대표를 뽑는 선거에서 중요한 것은 무엇일까요? 우리는 일상생활에서 무엇을 연습하고 키워야 할까요? 우리 함께 이 책을 읽으면서 그 답을 찾아가 보도록 해요.

2017년 4월
글쓴이 정관성

차례

Part. 1 투표 날 선거하나요? 8

Part. 2 간접 민주주의와 직접 민주주의는 뭐가 다르죠? 24

Part. 3 초등학생도 대통령을 뽑을 수 있나요? 34

Part. 4 선거에도 원칙이 있다고요? 48

Part. 5 4·19혁명이 투표 때문에 일어났다고요? 64

Part. 6 투표를 거부할 수도 있나요? **80**

Part. 7 다른 나라의 투표는 어떻게 이루어지나요? **94**

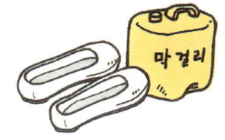
Part. 8 당선이 무효가 될 수도 있나요? **108**

Part. 9 어떤 사람이 대통령이 되어야 할까요? **122**

Part. 10 탄핵이 뭐예요? **138**

● 찾아보기 **149**

Part. 1

투표 날 선거하나요

"아빠! 내 친구가 아빠 보고 얼큰 아저씨라고 놀려요. 왜 그런지 알아요? 얼굴이 크다고 그러는 거래요!"

선운이와 선아는 남매 쌍둥이에요. 얼굴이 붉어진 쌍둥이를 보고 아빠가 싱글벙글 웃었어요.

"하하, 아빠가 얼굴이 큰 건 맞잖아. 근데 아빠는 '얼큰 아저씨'라는 말이 아주 듣기 좋은걸. 얼큰한 국물을 좋아하기도 하고. 가끔 얼큰하게 취할 때도 있지만 '얼'은 정신의 줏대라는 뜻의 우리말이거든. '조상의 얼'이란 말 들어 봤지? 그러니 '얼' 큰 아저씨는 '정신의 줏대가 크고 높은 아저씨'라고 들리는데?"

"졌다, 졌어. 역시 아빠는 아재 개그 천재야. 근데 아빠, 오늘 투표 날인데 선거 안 해요? 오늘도 거실 소파 합체 모드로 쭉 가시나요?"

선아가 아빠를 타박하기 시작했어요.

"안 해! 오늘은 소파와 한 몸이 되어 쭈욱 쉴 거야."

"아니 왜 안 해요? 탄핵된 박근혜 전 대통령이 대통령이 된 것도 아빠처럼 투표를 안 한 사람들이 있어서 그런 거라고 했잖아요."

"하하하! 아주 안 한다는 이야긴 아니고. 실은 며칠 전에 사전 투표를 마쳤거든."

"근데 아빠, 좀 헷갈리는데요. 투표 날 선거하는 건가요? 선거 날 투표하는 건가요?"

선아가 알쏭달쏭한 얼굴로 물었어요. 그때 얼큰 아빠가 소파에서 벌떡 일어나 앉더니 설명을 해 주었어요.

"그래, 선아야. 많은 사람들이 헷갈려 하지. 그럼 선거와 투표의 뜻에 대해 정확하게 알아볼까? 먼저 선거는 '투표로 사람을 뽑는 일'을 말해. 대통령, 국회 의원, 지방 자치 단체장(서울 시장, 강북 구청장 등), 지방 의회 의원(전라북도 도의원, 서귀포시 시의원 등) 등 국가와 지방 자치 단체의 주요 임원을 선출하는 것에서부터, 아파트 동장, 학교 학생 회장, 어린이 회장, 동아리 회장 등 각종 모임과 단체의 대표를 뽑는 것까지 여러 사람 중에서 책임을 맡아 할 사람을 투표로 뽑는 일을 '선거'라고 한단다."

"아하, 투표는 표로 자신의 의견을 밝히는 걸 말하는 거죠?"

"빙고! 선운이 말대로 투표는 '자기 생각을 표로 밝히는 행위'란다. 그런데 사람을 뽑을 때만 투표를 하는 건 아니야. 바로 여러 사람의 '의견'을 물어볼 때도 투표라는 방법을 활용한단다. 예를 들면 헌법을 고치는 '개헌'을 할 때 '국민 투표'라는 것을 하지. 반에서 친구들을 괴롭히고 나쁜 행동만 하는 반장이 있다면, 친구들이 투표로 '반장 그만해.'를 요구할 수 있지 않을까? 정리하자면, 투표는 사람들의 의견을 물을 때 쓰는 방법 중 하

나야. 지지하는 사람이 누구인지를 물을 때는 선거에서 활용하고, 의견이 어떤가를 물을 때엔 '주민 투표', '국민 투표' 등에서 활용한단다."

"그럼 아빠, 선거일인데 투표 안 하냐고 묻는 게 더 정확한 질문이겠군요."

"허허허, 우리 선아가 5학년이 되더니 더 똑똑해졌구나."

"아빠, 선거에도 절차가 있겠지요? 학교에서 하는 어린이 회장 선거와 어른들이 하는 대통령 선거가 어떻게 다른가요?"

"선운아, 너희 반에서 하는 반장 선거와 대통령 선거가 크게 다를 건 없어. 간단하게 선거 절차를 알아볼까?"

"네, 좋아요."

첫 번째, 입후보를 하지. 이건 선거에 후보로 나서는 것을 말해. 후보로는 스스로 나서는 경우도 있고, 다른 사람이 추천하는 경우도 있어. 만약 정당 소속이면 정당이 추천하고, 소속 정당이 없는 사람은 일정한 수의 추천인의 추천을 받아야 하지. 학기 초에 누군가 손을 들고 일어나 '5학년 1반 반장 후보로 정선운을 추천합니다.' 하면 추천이고, 그 말에 응해서 후보가 되겠다고 나서는 것을 '입후보'라고 생각하면 돼.

둘째, 후보자가 되면 공약을 발표하고 선거 운동을 하지. 예전에 대통령 후보 중 한 명이 신혼부부한테 몇 억씩 주겠다는 공약을 발표한 적이 있었어. 반에서도 '저는 우리 반을 우주 최강의 반으로 만들겠습니다.'라고 하는 친구가 있는가 하면, '저는 우리 반을 가장 따뜻한 반으로 만들겠습니다.'라는 친구도 있을 거야. 책임감 있는 사람이라면 지킬 수 있는 공약을 제시해야겠지? 후보자로 나선 사람은 선거 유세, 홍보 활동, 토론 등을 통해 자신이 가진 장점을 유권자들에게 알리려고 노력해. 가끔 선거 운동이 지나치게 뜨거워지면 다른 사람의 마음을 움직이려고 선물이나 음식을 대접하는 일도 있어. 나라와 지방 자치 단체 등에서 하는 선거에서 이런 일을 했다가는 당선이 무효가 되고 감옥에 갈 수도 있지.

셋째, 정해진 날짜에 투표와 개표를 한단다. 공정하고 객관적인 투표 진행을 위해 보통 선거 관리 위원회를 구성해. 학교에서는 선생님이 공정하게 선거를 관리해 주는 역할을 하기도 하고, 친구들 중에서도 선거가 공정하게 치러지는지 감시하기 위해 참관인으로 참가하기도 하지? 이처럼 국가, 지방 자치 단체, 학교 등에서 선거 관리 위원회가 만들어져서 많은 일을 한단다. 이때 가장 중요한 건 공정한 투표와 정확한 개표겠지?

마지막으로, 개표가 모두 끝나면 당선자 발표를 해. 당선자가 되면 정해진 기간 동안 선거를 통해 얻은 직책(반장, 어린이 회장 등)에 맞게 직무(학급 회의, 학생 임원회의 등)를 맡게 된단다."

"아휴, 어지러워라. 그런데 이렇게 복잡하고 어려운 선거가 왜 필요할까요? 그냥 아무나 시키면 되잖아요. 놀이터에서 놀 때처럼 가위바위보로 정하면 안 되는 거예요?"

선운이가 투덜거리며 물었어요.

"하하. 놀이터에서는 보통 그렇게 정하지? 그런데 말이야. 놀이터에 힘센 형이나 오빠들이 나타나서 어린 동생들을 배려하지 않고 자기 마음대로 할 경우에는 어떻게 해야 할까? 힘센 사람이 원하는 자리를 마음대로 차지하면 힘없는 사람들은 더욱 살기 어려워지지 않을까?"

"그야 뭐, 힘센 사람에겐 천국, 약한 사람에겐 지옥이 되겠네요."

"그래. 옛날엔 정치도 정말 그랬어. 힘센 사람들이 약한 사람을 지배했지. 왕이나 귀족 몇 명은 약한 사람의 재산과 생명을 마음대로 빼앗기도 했고. 그래도 힘이 약한 사람들은 아무 말도 못했어. 혹시라도 힘센 사람들 기분을 거스르면 맞거나 심지어 죽을 수도 있었으니까. 하지만 지금 사람들은 누구나 평등하다는 생각을 하고 있어."

곰곰이 생각하던 선아가 물었어요.

"그러니까 힘이 세고 약하고와 상관없이 어떻게 해서 사람들이 평등해질 수 있었을까요?"

"우아! 지금 선아가 한 질문을 먼저 고민한 사람들이 있어. 바로 기원전 6세기 경의 그리스 시민들이야. 그 사람들은 왕이나 귀족이 다스리는 것보다는 더 많은 시민들이 정치에 참여해야 한다고 생각했고, 그것을 요구하기 시작했단다."

"아, 그래서 그리스를 민주주의의 원조라고 하는군요?"

선운이가 알은척했어요.

"그렇지. 민주주의는 힘센 사람이나 힘이 약한 사람이 평등하다는 생각에서부터 출발해. 선아나 선운이처럼 약한 사람들이 참여할 수 있는 제도가 바로 '선거'란다. 선거는 누구나 평등하게 한 표씩 행사하잖아."

"그래도 모든 사람이 참여해야 하니 불편하고 번거로워 보여요."

"선운이 말이 맞아. 선거 절차는 번거롭고 불편할 수도 있어. 하지만 많은 사람이 참여해서 더 많은 사람의 의견대로 따르면 불만은 그만큼 적어지겠지? 힘센 사람 한 명의 의견에 따라 모든 게 결정된다고 생각해 봐. 독재자, 왕, 황제, 시장, 조직 폭력배, 돈과 권력을 가진 사람들 몇몇이 모여 빠르고 쉽게 결정해 버릴 수 있어. 힘이 약한 사람들은 그저 힘센 사람들의 배를 불리고 권력을 유지하기 위한 수단 정도로 생각하는 거지. 어때? 번거롭고 불편해도 선거로 대표를 뽑고, 그 대표를 여러 명이 견제하고, 대화를 통해 문제를 풀어 가는 게 여러 사람들에게 더 좋은 결과를 가져오지 않겠어?"

"듣고 보니 그러네요. 여러 사람의 불만이 적어지는 쪽으로 결정하는 건 좋아요. 그럼 선거로 어떤 사람을 뽑아야 하나요? 그저 인기가 좋은 사람이 뽑힐 수도 있잖아요."

이번에는 선아가 골똘히 생각하며 물었어요.

"답은 간단해. 그 자리에 적합한 사람."

"아빠, 그 적합한 사람이 누구냐고요?"

"만약 반에서 반장을 뽑는다면 반장은 친구들이 사이좋게 학교생활을 잘할 수 있도록 돕는 사람이어야겠지. 그렇다면 친절하고, 합리적이며, 자기와 다른 친구의 의견을 잘 듣고, 의견이 다를 때 조정을 잘하는 친구가 적합하지 않을까?"

선운이가 픽 웃으며 말했어요.

"아빠, 세상에 그런 친구가 어디 있겠어요."

"선운이가 없다고 하는 걸 보니 적어도 넌 아니구나. 앞에서 말한 능력이 없다고 해도 그러기 위해 노력하는 태도를 가진 친구는 분명 있을 거야. 아빠는 그런 친구가 반을 이끌 자격이 있는 게 아닐까 생각해."

"그러니까 아빠는 능력보다는 태도가 중요하다는 거네요."

"물론이야. 먼저 유권자의 뜻을 존중하는 태도가 가장 중요하고 그에 맞는 능력까지 갖췄다면 금상첨화겠지. 2016년 4월에 20대 국회 의원 선거가 있었어. 국회 의원은 4년마다 선거로 뽑지. 2014년 6월에는 지방 자치 단체 선거를 했어. 지방 자치 단체장, 지방 의회 의원 또한 4년마다 뽑지. 2012년

12월에는 제18대 대통령 선거를 치렀어. 2017년 3월 10일에 파면된 박근혜 전 대통령이 이때 당선된 거야. 이처럼 선거에서 늘 태도와 능력이 좋은 사람만 당선되는 건 아냐. 그렇기 때문에 우리는 모든 선거에서 더 나은 사람을 뽑기 위해 고민해야 한단다."

"얼큰 아빠 말씀은 지금은 좀 잘못 뽑을 때도 있지만, 좋은 태도와 능력을 지닌 사람을 뽑겠다는 생각을 하고 선거를 하다 보면 결국 좋은 사람을 뽑게 된다는 이야긴가요?"

"빙고. 선아가 제대로 이해했구나. 선거를 통해 한 나라의 국민들도 민주주의의 가치를 배워 가는 거라고 생각해. 학교에서 하는 선거는 어른이 되어서 치러야 할 선거의 연습이니, 절대로 장난치듯 하면 안 된다는 것도 꼭 기억하길!"

· · · ·

현대 민주주의의 모델은 그리스에서 시작된 선거와 깊은 관계를 맺고 있다고 보면 돼요. 얼큰 아저씨는 '선거는 대화를 통한 협력의 과정'이라고 주장한답니다. 대화라면 친구들끼리 대화하는 것도 있지만, 한 사람이 여러 명과 대화하는 경우도 있어요. 대화는 '마주하고 이야기하는 것'이지요. 후보들은 유권자와 마주하고 이야기하고, 유권자는 질문과 토론을 거쳐 투표로 대답하지요. 그 대답이 모아지면 후보 중 한 사람이 당선자가 되는 거고요. 그러니 유권자로서 그 대화에 적극적으로 동참하는 것이 무엇보다 중요하겠지요?

 # 더 알아봅시다!

● 고대 그리스의 선거 제도

1. 최초의 민주주의 정치

고대 그리스 아테네를 민주주의의 발생지라고 합니다. 아테네는 상업이 발달하여 돈을 많이 버는 그리스의 대표적인 도시 국가(폴리스)였어요. 정치는 왕 중심에서 점점 귀족 중심, 평민 중심으로 이동해 갔지요.

왕의 세력이 약해진 아테네에서는 귀족이 왕을 대신해 정치를 했어요. 그러던 중에 평민들이 가축과 돈을 모아 힘을 키우자 귀족과 평민 사이에 갈등이 생겼답니다. 아테네의 정치가이자 시인이던 솔론은 기원전 6세기 초 귀족과 평민의 갈등을 해소한다는 명분으로 중재자가 되었어요. 그리고 그때까지 가문을 중심으로 나뉘던 시민의 신분을 재산 소유 정도에 따라서 4등급으로 나눕니다. 하지만 재산이 늘어나거나 잃어버린 사람들 사이에서 새로운 갈등이 생겨나기 시작했어요.

이때 페이시스트라토스라는 사람이 평민의 힘을 이용하여 독재 정치를 하게 돼요. 평민 편을 드는 척하며 독재 정치를 펼치다가

이내 물러나게 됩니다. 이 과정에서 평민의 지위가 더욱 높아져서 여성과 노예를 제외한 평민 남성은 '시민'의 자격을 얻어 정치에 참여할 수 있게 되지요.

　이렇듯 시민의 참여를 인정한 최초의 정치이기 때문에 아테네를 '민주주의의 발생지'라고 해요. 이처럼 그리스에서 민주주의가 태어날 무렵 다른 지역은 왕이나 귀족 집단, 부족장 회의에서 사람들을 통치했어요. 다시 말해 적은 수의 '통치하는 사람'이 많은 사람들을 '통치 또는 지배'했어요. 하지만 그리스에서는 함께 모여 결정하고, 자신들이 내린 결정에 따르는 사회였던 거죠.

2. 아고라, 광장의 정치

　그리스의 도시 국가를 '폴리스'라고 불렀어요. 각 폴리스에는 '아고라'라고 하는 광장이 생겨났지요. 아고라가 처음 생길 때는 시장 기능이 강했다고 해요. 전통적인 시장을 떠올려 볼까요? 시장에는 사람이 많이 모이니 정보도 모여요. 평소 보지 못하던 사람들이 만나서 교류하는 장소이기도 하고요. 아테네의 아고라

도 그랬어요. 시간이 지나면서 문화 예술인도 모여들고, 점점 더 많은 지식인들이 모여 학문과 사상에 대해 토론하는 장소가 되었던 것입니다. 무엇보다 중요한 것은 이렇게 모인 시민들이 폴리스의 정치와 국방에 대해 토론을 했기 때문에 아고라는 점차 정치의 중심지가 될 수 있었어요. 공직자를 뽑고, 독재자를 몰아내는 등의 집회나 재판도 아고라에서 열렸어요. 심지어 연극과 운동 경기도 이곳에서 열렸다고 해요.

아테네의 민주 정치를 '직접 민주주의'라고 해요. 직접 민주주의는 권리가 있는 사람은 모두 참여하는 방식이에요. 모든 사람이 참여하려면 충분한 공간과 적당한 규모여야 가능할 거예요. 만약 인구가 너무 많으면 어떨까요? 직접 민주주의가 이루어지긴 어려웠겠죠. 그때는 스피커도 없었으니까요. 이렇듯 직접 민주주의를 행하기 위해서는 일정한 규칙이 있어야 하는데 그보다 더 중요한 것은 참여하는 사람들의 관심이 높아야 한다는 거예요.

아고라, 즉 광장은 직접 민주주의를 실현하는 데 있어 중요한 역할을 합니다. 광장은 열린 공간이어서 누구의 방해도 받지 않고 자유롭게 드나들 수가 있어요. 다른 의견이 있으면 바로 그 자리에서 자기 의견을 말할 수도 있죠. 전해 들은 말보다는 앞에서 말하는 것을 들으면 이해하기도 쉬워요. 그래서 광장에서 이루어진 직접 민주주의 정치는 빠르고 명확하다는 장점이 있었습니다.

아고라는 최근에도 직접 민주주의를 표현하는 상징적인 용어로 쓰이기도 합니다. 대학교에 가면 '아크로폴리스 광장', '민주 광장', '학생 광장' 등 대부분 광장이 있어요. 대학생들은 이 광장에 모여 학교 문제, 사회 문제, 학생회 선거 등에 대해 토론합니다. 그리스의 아고라가 했던 역할과 다를 게 없는 것이죠. 이렇듯 광장은 여전히 집회와 토론이 이루어지는 곳입니다.

서울에는 광화문 광장과 서울 광장이 있듯 도시마다 크고 작은 광장이 있어요. 지금도 우리나라의 여러 광장은 '촛불 집회', '태극기 집회' 등 다양한 사람들이 자기 의견을 내놓고 다른 사람의 의견에 경청하며 '대화하는 공간'으로 자리 잡고 있답니다.

● **도편 추방제**(陶片追放制, ostrakismos)

민주주의에서 가장 위험한 것은 바로 독재 정치입니다. 경계해야 할 것이기도 하고요. 아테네에서는 독재 정치가 발붙이지 못하게 하려고 특별한 방법을 생각해 내요. 바로 아고라에 시민이 모여 독재 정치를 할 것이라고 의심되는 사람의 이름을 질그릇 조각에 써서 투표하게 한 것이에요. 이 투표에서 6천 명 이상에게 의심을 받은 사람은 10년 동안 나라 밖으로 추방되었어요. 이를 '도편 추방제'라고 해요.

약간 다른 방식이지만 헌법 재판소에서 2017년 3월 10일 탄핵 인용 결정으로 대통령 자리에서 물러난 박근혜 전 대통령도 청와대에서 추방되었다고 볼 수 있어요. 더 이상 정치를 못하게 된 것이죠.

● **대한민국은 민주 공화국이다**

우리나라 헌법 제1조 제1항은 어떤 내용일까요? 바로 '대한민국은 민주 공화국이다.'입니다.

'공화국'은 왕이 다스리는 '군주제'와 달리 국민이 직접 또는 간접으로 대표를 뽑아 나라를 다스리게 하는 제도를 가진 나라를 말해요. 공화국의 핵심은 '나라의 주인'은 '국민'이라는 겁니다. 역사적으로 보면 세습되는 군주제와 다른 정치 형태를 주장하며 나온 개념이지요.

근대 시민 혁명(프랑스 대혁명, 영국 명예혁명)이 일어나기 전에는 대부분의 나라가

'절대 군주제' 국가였어요. 절대 군주는 모든 권한을 가지고 국가를 통치했어요. 시민 혁명 이후 절대 군주를 몰아내고, '입헌 군주제'를 채택합니다. 이는 입헌 군주에게는 일부 권한만 주고, 나머지 정치적인 권한과 책임이 내각에 있는 제도를 말해요. 현대는 영국, 일본, 벨기에처럼 입헌 군주제를 유지하며 아직도 왕이 있는 나라가 있는 반면, 군주의 존재를 인정하지 않고 공화국을 채택한 나라도 있어요.

조선은 절대 군주제 나라였어요. 1919년 3·1운동이 일어난 뒤 같은 해 4월 13일 상하이에 세워진 '대한민국 임시 정부'는 '민주 공화국'을 선포합니다. 대한민국 임시 정부에서는 나라의 주권을 가진 우리나라 국민을 일본의 침략으로부터 해방시키기 위해 외교, 군사, 문화, 교육 등의 활동을 했답니다. 1945년 8월 15일에 해방이 되고 1948년 헌법을 만들 때 '대한민국 임시 정부의 법통'을 이어받아 헌법을 만들었답니다.

'대한민국은 민주 공화국'이라는 말은 다시 이야기하면 '대한민국의 주인은 국민이다.'와 같은 말이랍니다.

그런데 북한은 '조선 인민 민주주의 공화국'이라고 하면서 권력을 세습하고 있어요. 공화국이라는 말과는 어울리지 않는 모습이지요?

Part. 2

간접 민주주의와 직접 민주주의는 뭐가 다르죠?

오늘은 선운이의 친구인 수현이가 놀러 왔어요.

"아하, 네가 나를 '얼큰 아저씨'라고 했다는 수현이구나. 오늘 어쩐 일이니?"

"히히, 그 별명을 아저씨가 좋아하신다는 말은 들었어요. 제가 별명 하나는 끝내주게 짓죠?"

"그래, 고맙다. 고마워!"

"참, 얼큰 아저씨. 아저씨가 선운이한테 '선거'는 대화라고 하셨다면서요?"

"그랬지."

"그럼 아저씨는 대통령, 시장, 구청장 그런 분들 다 아시겠네요? 대화를 나누는 사이니까."

"직접 알진 못해. 그냥 간접적으로만 알아. 특히 대통령은 대화는커녕 본 적도 없는걸. '투표는 대화'란 말은 그런 뜻으로 한 말은 아니야."

수현이의 표정이 알쏭달쏭해졌어요.

"하하, 조금 더 자세히 설명해 볼게. 그러려면 먼저 '직접'과 '간접'부터 알아야 할 거 같다. 직접은 이렇게 내가 너에게 바로 말하는 걸 뜻한다면, 간접은 네가 선운이를 통해 내 말을 전해 듣는 걸 말해. 다시 말하면 내가 스위치를 꾹 눌러서 TV를 켜면 직접, 리모컨을 눌러서 리모컨의 전파가 TV를 켜게 하면 간접이라고 할 수 있지."

"얼큰 아저씨! 근데 민주주의에도 간접과 직접이 있어요?"

"그렇지."

"아저씨가 직접 대통령이 되어 국정을 운영하면 직접 민주주의이고, 아

저씨가 다른 사람을 대통령으로 뽑으면 간접 민주주의가 되나요?"

"아니, 이때의 직접과 간접은 나라 전체를 놓고 보는 거야. 우리가 국회 의원을 뽑아서 대신 나라를 운영하게 하는 건 '간접 민주주의'라고 할 수 있어. 만약 헌법을 개정한다고 해서 '국민 투표'를 해 헌법을 고친다면 그건 국민 전체가 나서서 직접 결정하는 '직접 민주주의'가 되는 거지. 앞에서 본 그리스 아테네의 민주주의는 직접 민주주의였어. 하지만 지금 수천만 명이 살고 있는 우리나라에선 국가의 중요한 결정을 국민 모두가 모여서 정하기란 참 어려운 일이야. 이럴 땐 간접 민주주의 방식이 효율적이라 그 방법이 더욱 발전해 온 거야. 앞으로 정보 통신 기술이 더 발달하면 직접 민주주의 방식이 지금보다는 많아질 수도 있을 거야."

"국회 의원과 대통령은 국민이 직접 뽑으니 직접 민주주의 아닌가요?"

"대표를 뽑는 건 대신해서 결정할 사람을 뽑는 것뿐이야. 국회 의원은 국민들을 대표해서 나라의 법을 만들고, 정부의 예산을 통제하여 살림을 감시하고, 대통령 탄핵 소추안을 의결하는 일도 해. 그 일엔 국민이 직접 한 건 하나도 없어. 다 국회 의원들이 한 것이지. 그게 간접적인 결정이니 간접 민주주의라고 하는 거야."

"그렇다면 국민이 직접 하는 건 거의 없잖아요. 좀 김이 새는데요."

"나랏일을 직접하고 싶으면 국민의 대표가 되는 수밖에 없지. 하지만 직

접 하는 게 꼭 그렇게 멋지기만 한 일일까? 차가운 얼음을 만진다고 생각해 봐. 그냥 만지기 어려울 때 장갑을 끼고 만지잖아. 그뿐만 아니라 장갑은 뜨거운 거, 차가운 거, 거친 거 다 만지게 하면서 손도 보호하잖아. 여기서 장갑은 누구를 말하는 걸까?"

"아! 국회 의원이나 대통령이 장갑 역할을 한다는 거군요. 장갑이 있으니 국민인 손은 뽀송뽀송해질 테고요."

"수현이는 별명만 잘 짓는 게 아니구나. 맞아, 국민의 대표는 장갑이야. 장갑이 제멋대로 뻣뻣하게 굴며 손가락이 하자는 대로 하지 않으면 장갑을 벗어던지면 돼. 그러니까 뻣뻣한 장갑 같은 사람은 다음 선거에서 안 뽑아 주면 되는 거지. 장갑이 닳아 열과 마찰을 이겨 내지 못할 때도 마찬가지지. 손과 호흡을 잘 맞추며 어려운 일도 마다하지 않는 튼튼한 장갑은 아껴 주어야겠지? 그래서 국회 의원 모두를 '국개 의원'이라고 욕하면 안 된단다. 수현이와 선운이가 미래에 좋은 국회 의원이 될 수도 있잖니?"

"그런데 얼큰 아저씨, 장갑이 너무 빨리 닳거나 찢어지면 어떻게 해요? 맨손으로 뚝배기를 잡아야 하나요?"

"그럴 수도 있지. 대표로 뽑은 사람이 국민 뜻과 너무 다르게 행동할 땐 참기 힘들지. 참아서도 안 되고 말이야. 그래서 '간접 민주주의'의 부족한 점을 '직접 민주주의' 제도가 보완하고 극복하게 하려는 제도가 있어. 선거로 뽑힌 사람이 잘못한 게 있을 때, 국민이 직접 나서서 그 자리에서 물러나게 하는 제도인 '국민 소환'이란 것이 바로 그거야. 우리나라에선 '주민 소환'이라고 해서 지방 자치 단체장과 지방 의회 의원에게만 적용되지. 또 '국민 발안'이라고 해서 국민들이 헌법 개정안과 법률안을 제안하기도 하고."

"얼큰 아저씨, 직접 민주주의라고 하지만 오히려 멀게 느껴져요."

"그리 멀리 있진 않아. 반에서 회장을 뽑아서 그 친구들이 학교 '어린이 임원 회의'에 나가는 것은 국회와 닮았다고 보면 돼. 학교를 대표하는 '00 초등학교 어린이 회장'을 뽑는 건 대통령을 뽑는 것과 같지. 이건 간접 민주주의라 할 수 있지. 만약 소풍 장소를 정할 때, 학생 전체의 의견을 물어 정한다면 그게 바로 직접 민주주의고 말이야."

한참 아빠의 설명을 듣던 수현이가 한마디 했어요.

"근데 얼큰 아저씨. 저 놀러 왔다가 완전 열공하고 가는 느낌인데요."

• • •

결국 선거와 투표는 국민을 위한 민주주의 절차이고, 민주주의 절차는 국민을 위한 합리적인 '대화의 과정'이라고 할 수 있어요. 그 과정에서 국민은 '직접' 참여하기도 하고, '간접'적으로 참여하기도 한답니다.

더 알아봅시다!

● 의회 정치의 역사

현대 의회의 뿌리는 영국 의회에서 찾을 수 있어요. 1215년 대헌장으로 약간의 설 자리를 다진 영국 의회는 이후 종교, 세금, 의회의 권한 강화 등으로 왕권의 강화를 주장하는 세력과 많은 갈등을 일으켜요. 그러다 왕을 지지하는 '왕당파'와 의회의 권한 강화를 주장한 '의회파'의 갈등이 극에 달했죠. 왕당파는 가톨릭을 지지하고, 의회파는 신교를 지지하며 서로 갈등의 골이 커져 가던 중 1688년 왕당파가 지지하던 제임스 2세를 추방하고 그의 딸인 '메리'와 사위인 '윌리엄'을 공동 왕으로 추대하면서 갈등이 해소돼요. 그때 의회에서 제출한 것이 '권리장전'이고, 피를 흘리지 않은 혁명이라고 해서 이 과정을 '명예혁명'이라고 불러요. 그 뒤로 의회는 종교의 자유, 3년마다 선거를 실시하고 회기에 따라 의회를 여는 회기법, 예산 결정권, 국민 청원권 등을 도입해서 체계적인 민주 정치의 기반을 다지게 됩니다.

프랑스는 1789년 '대혁명' 이후 1792년 9월 국민공회가 시작되어 "왕정 폐지, 공화정 채택"을 선언하며 제1공화국(1792년)을 출범시켜요. 이 제1공화국은 나폴레옹이 권력을 손에 쥔 뒤 막을 내려요. 나폴레옹이 황제가 되었다가 몰락한 뒤에는 입헌 군주제가 이어져요. 1848년 2월 혁명으로 제2공화국이 출범하고 최초의 보통 선거로 나폴레옹의 조카 루이 나폴레옹이 대통령에 당선되지요. 루이 나폴레옹도 스스로 황제가 되었다가 몰락한 뒤인 1871년에 제3공화국이 출범해요. 이때부터 제5공화국이 출범하는 1958년까지 의회의 힘이 더 강한 정치 체계가 자리를 잡아 갑니다.

이처럼 프랑스는 오랜 역사 속에서 대통령을 국민이 직접 뽑는 강력한 대통령제와 함께 의회의 견제가 충분히 이뤄지는 현재의 정치 체계를 발전시켰어요. 그렇게 하기 위해 혁명도, 논쟁도 많았던 나라라고 할 수 있어요.

미국의 의회는 1774년에 열린 제1차 대륙회의에 13개 식민지 주 대표가 모여 미국 독립에 대해 의논한 것을 기원으로 삼아요. 처음에는 의회를 하나만 두는 일원제였다가, 제4대 대통령인 제임스 매디슨의 주장에 따라 현재의 상원, 하원 구조인 양원제가 만들어졌어요.

하원 의원은 모두 435명으로, 헌법에 정해져 있어요. 각 의원은 지역을 대표하고 임기는 2년이에요. 각 주에서 선출하는 하원 의원의 수는 인구 비례에 따라 정해져요.

상원 의원은 100명으로, 임기는 6년이에요. 인구와 관계없이 주마다 2명씩 선출하는데, 2년마다 상원 의원의 약 1/3을 다시 뽑아요.

상하 양원은 법을 만들거나 폐지하는 권한, 세금 결정 권한, 정부 예산 승인 권한이 있고 양원이 모두 동의해야 법률이 만들어집니다. 특히 상원은

1) 하원이 연방 고위 공무원을 탄핵하고자 할 때 탄핵 재판을 열 수 있는 권한,
2) 대통령이 지명하는 연방 고위 공무원에 대한 승인권,
3) 미국이 체결하는 조약에 대한 승인권 등을 가진다고 해요.

● 정치적인 이상을 위해 모인 '정당'

　사전에 '정당'은 '정치적인 주의나 주장이 같은 사람들이 정권을 잡고 정치적 이상을 실현하기 위하여 조직한 단체'라고 되어 있어요. 정당의 가장 큰 목적은 '정권을 잡아' 이를 통해 '정치적 이상을 실현'하는 것이라고 할 수 있어요. 그러기 위해서는 정당 안에는 적어도 생각이 비슷한 사람들이 모여야겠지요? 정당은 '주의나 주장이 같은 사람들'이 국가의 미래 비전을 제시하고, 유력한 후보를 선출해서, 선거에서 자신들의 주장을 국민과 함께 나누고 설득하기 위해 모인 곳이에요. 국민을 잘 설득하면 정권을 잡아 자신들의 이상에 맞는 정치를 할 수 있을 겁니다.

　정당은 어떤 일을 할까요? 첫째, 국민들의 생각과 의견을 모아서 국회나 정부에 전달하는 일을 해요. 둘째, 대통령, 시장이나 도지사와 같은 지방 자치 단체장, 국회 의원, 지방 의회 의원 등 후보를 추천하고 앞장서서 선거 운동을 해요. 셋째, 지역에 시당과 도당을 두고 중앙에는 중앙당을 두어 끊임없이 국민들과 소통하기 위해 노력하고 국민의 정치 참여를 돕는답니다.

　모여서 정당을 만들기도 하지만 헌법 재판소에서 이 정당을 해산하라고 명령할 수도 있어요. 2014년 12월에 '통합진보당'은 이석기 의원 내란 음모 사건 등과 연계되어 해산되는 일이 있었어요. 이승만 정권이 행정 처분으로 조봉암이 이끌던 '진보당'을 해체한 이래, 헌법에 의한 해산은 처음 있었던 사건이라고 합니다.

● 국민 소환

　선거로 뽑은 사람이 문제가 있다면 어떻게 할 수 있을까요? 대통령은 헌법 재판소에서 탄핵할 수 있지만, 서울특별시장, 경상남도 도지사 등의 경우는 어떻게 해야 할까요? 다행히 국민이 선출된 공무원들을 파면시킬 수 있는 제도가 있어요. 바로 '국민 파면', '국민 해직' 등으로 부르는 '국민 소환 제도'가 그것이에요.

우리나라는 2006년 5월 24일부터 '주민 소환제에 관한 법률'이 만들어져 주민 소환을 하고 있습니다. 주민이 지방 자치 단체 선출직 공무원을 투표로 파면할 수 있는 제도여서 직접 민주주의의 한 형태라고 할 수 있어요. 원래는 대통령과 국회 의원을 포함한 모든 선출직 공무원을 대상으로 하고 있어요. 하지만 시간이 지나면서 지방의 선출직 공무원을 지역 주민들이 파면하기 위한 주민 투표제로 범위가 작아져서 시행되고 있어요.

● **국민 투표**

국민이 직접 정치에 참여하는 일은 그리 많지 않아요. 국민이 정치에 참여하는 기회 중 가장 자주 오는 게 국회 의원 투표, 대통령 투표 두 가지예요. 그리고 가끔 헌법 개정안 투표를 할 수도 있어요. 대통령 투표는 5년마다, 국회 의원 투표는 4년마다 해요. 물론 대통령이 탄핵되거나 국회 의원 자격을 잃으면 보궐 선거를 하지요.

가장 최근에 했던 국민 투표는 1987년 10월에 제9차 개헌으로 통과된 제6공화국 헌법입니다. 국민 투표를 할 수 있는 사항은 아래와 같아요.

- 국회 의원과 대통령의 선출을 국민 투표에 의하도록 함(헌법 제41조, 제67조).
- 헌법 개정안에 대하여 국민 투표에 붙여서 확정하도록 함(헌법 제130조 2항).
- 대통령은 필요하다고 인정할 때에는 외교·국방·통일 기타 국가 안위에 관한 중요 정책을 국민 투표에 붙일 수 있음(제72조).
- 국민 투표에 관하여 필요한 사항은 '국민 투표법'에 정함.

Part. 3

초등학생도 대통령을 뽑을 수 있나요

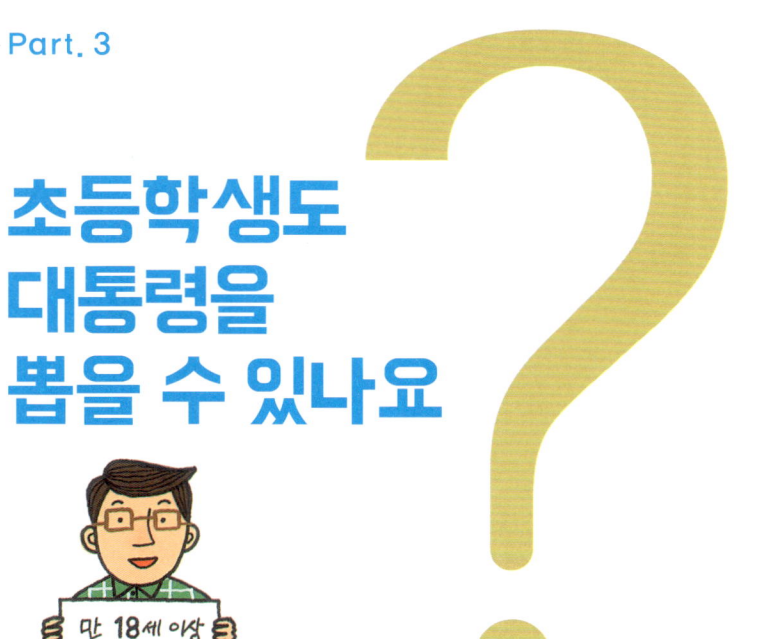

미국 역사에 관한 책을 보던 선아가 아빠에게 질문했어요.

"아빠. 책을 보다가 이상한 것을 발견했어요."

"책벌레 선아가 이번엔 또 뭘 봤을까?"

"'노예 해방'을 주장한 링컨의 북군과 '노예 존속'을 주장한 남군이 전쟁을 벌인 것이 미국의 남북 전쟁이잖아요. 이 전쟁에서 결국 북군이 이겨 노예가 해방된 거고요. 그러면 같은 사람으로 동등한 권리를 누렸어야 하지 않나요? 그런데 흑인들이 불평등한 대우를 받는 것에 항의해 '셀마-몽고메리 행진'을 하다가 죽은 사람까지 발생했다고 하니 이상해서요."

선아가 알쏭달쏭한 표정이 되어 물었어요.

"맞아. 1865년에 남북 전쟁이 끝났고 1870년에는 흑인에게도 투표권이 주어지면서 미국에서는 공식적으로 노예제가 폐지되었어. 하지만 흑인에 대한 차별은 여기저기에 남아 있었어. 1955년만 해도 버스에 백인이 올라 타면 먼저 탔던 흑인이 자리를 양보해야 했으니까. 그런데 일어나길 거부했던 로자 파크스라는 흑인 여성이 몽고메리 시의 법을 어겼다는 이유로 체포되었단다. 그 뒤로 흑인들은 버스 승차 거부 운동, 파업 등으로 백인들에게 맞섰지. 노벨 평화상을 받은 마틴 루터 킹 목사 알지? 이분이 이 일을 계기로 흑인 민권 운동을 시작하게 된 거란다."

"그런데요, 아빠. 로자 파크스의 거부 사건은 1955년의 일이고 '셀마-몽고메리 행진'은 1965년의 일이에요."

"맞아, 흑인 민권 운동의 불씨가 된 로자 파크스는 몽고메리에서는 일자리를 찾을 수 없어 결국 이 도시를 떠났다고 해. 하지만 로자가 남긴 불씨는 꺼지지 않았어. 이후 제도적 인종 차별을 없애기 위해 많은 사람들이 노력했고 그로 인해 민권법(1964)과 투표 권리법(1965)이 만들어졌어. 그것을 얻어 내기까지 10년의 세월이 더 필요했던 거란다."

"아, 엄청나게 오랜 싸움이었네요."

"맞아, 그만큼 흑인들의 불편이 오랫동안 이어진 거지. 흑인의 민권이 중요하다고 생각했던 사람들은 1965년 마틴 루터 킹 목사를 중심으로 '흑인 참정권'을 요구했어. 특히 남북 전쟁이 끝나고 100년이 지나서도 흑인 참정권이 보장되지 않은 미국의 남부 지역 같은 곳에서 말이야."

"그러니까 '셀마-몽고메리 행진' 이후에 흑인들이 선거에 참여할 수 있게 된 거로군요?"

"그렇지. 이때 미국에서 '투표 권리법'이 만들어져서 어떤 이유로도 흑인의 선거 참여를 막지 못하게 되었단다."

골똘히 생각에 잠겼던 선아가 입을 열었어요.

"그건 그렇고 저희 학교 이야기 한번 들어보세요. 학교에서 전체 어린이 회장을 뽑는데, 후보로 나갈 자격과 투표권이 5, 6학년에게만 주어진대요. 제가 4학년이었을 때 어린이 회장이 되고 싶다고 말했지만 '넌 아직 자격이 안 돼!'라고 막았단 말이죠. 저는 어린이 회장 뿐만 아니라 대통령도 우리 손으로 뽑고 싶거든요!"

"그래그래. 아빠도 그 마음 이해해. 선아야. 우리나라에선 2019년 12월 27일 전까지 만 19세 이상만 투표할 수 있었어. 그때까지 만 18세에 투표권이 없는 나라는 OECD 국가 중에서 우리나라뿐이었지. 선아가 보기에 고3은 어때? 어른 같아 보여?"

"고3 오빠나 언니들도 교복만 아니면 대학생처럼 보여요."

"맞아. 우리 지난번 촛불 집회에 갔을 때 말이야. 그때 중학생 오빠나 고등학생 언니가 나와서 하는 말 들어봤지?"

선아와 선운이는 아빠를 따라 촛불 집회에 몇 번 나간 일이 있어요. 그때 무대에 올라와 이야기하던 언니 오빠들은 누가 옳고 그른지 정말 잘 알고 있었어요. 어떤 오빠는 '엄마 아빠 세대가 박근혜를 뽑아서 우리까지 고생한다.'고 말하기도 했어요.

"맞아요. 청소년들은 뭘 모르니 공부나 하라며 투표권 주면 안 된다고 하시는데 그렇게 공부 열심히 해서 좋은 대학 나오고, 검사까지 된 사람이 왜 비선 실세 한 명 못 막았냐며 따진 오빠도 있었어요."

"그 말을 들으니 아빠도 부끄러워지네. 얼마전까지 우리는 만 18세에게 선거권을 주지 않으려고 했지만, 이미 선진국 일부는 만 18세에 피선거권이 주어지는 나라도 있어. 후보가 될 자격을 '피선거권'이라고 해. 2005년 미국 미시간 주 힐스데일 카운티에서 시장으로 당선된 '마이클 세션즈'는 당시 고등학교 3학년이었지. 2002년 독일에서 18세로 국회 의원이 된 '안나 뤼어만'은 심지어 열 살부터 정치에 관심을 갖기 시작했대. 그러고는 14세 때 녹색당에 입당해 정치를 시작했다는구나. 우리나라 공직 선거법을 고치면 우리 선아도 고등학생으로 시장이나 국회 의원이 될 수 있을지 몰라."

"참 우리나라에서는 대통령 후보가 되려면 만 40세가 넘어야 한다면서요?"

"맞아. 국회 의원 후보가 되려면 만 25세 이상, 대통령이 되려면 만 40세 이상이 되어야 해. 만 40세 이상이 되어야 한다는 생각은 나이를 중심

으로 순서를 나누던 유교적 권위 의식에서 생겨났다고 할 수 있어. 그리고 결정적으론 박정희 전 대통령이 1960년대에 김영삼, 김대중, 이철승 등 30대 경쟁자들이 대통령 후보로 나오지 못하게 하기 위해 헌법에 '만 40세' 조항을 넣었던 것이 지금까지 내려오는 거란다."

선아가 한숨을 쉬었어요.

"아휴. 그럼 그 오래되고 낡은 헌법은 고치면 되잖아요?"

"그렇지. 국민의 기본 권리를 확대하기 위해선 반드시 고쳐져야 할 거라고 생각해. 1960년대에 존 F. 케네디는 39세에 미국 부통령 후보로 출마했고, 43세에는 대통령이 되었어. 미국의 클린턴도 32세에 아칸소 주 주지사가 되고 46세에 대통령이 되었단다. 오바마도 47세에 대통령이 되었지. 폴란드의 안드레이 두다도 43세에 대통령이 되어 폴란드의 최연소 대통령이 되었고. 피선거권에 대한 나이 제한은 공직에 나갈 권리는 누구에게나 평등해야 한다는 헌법에서 말하는 '평등권'과 '공무담임권'을 해치고 있다고 주장하는 사람들이 많단다."

"일단 대통령 출마할 수 있는 나이 낮추자는 거 찬성이에요. 근데 지금은 만 18세가 넘으면 누구에게나 투표할 권리가 주어지지요?"

"투표할 권리는 만 18세 이상이면 주어지지만 모든 사람에게 주어지는 권리는 아니란다. 첫째, 법원으로부터 '금치산자'로 판결을 받은 사람은 선거에 참여할 수 없어."

선아와 선운이가 무슨 말인지 모르겠다는 표정을 지었어요.

"하하. 말이 어렵지? 금치산자는 바른 판단을 할 수 있는 의사 능력이 없는 사람을 말해. 예를 들어 치매로 방금 밥을 먹었는데 또 밥을 찾는 노인이 있다면 온전한 정신 상태가 아니라는 법원 판결을 받아서 자식이나 친척이 재산을 대신 관리해 줄 수 있어. 이럴 때 법원에서 '금치산자'로 판결을 받는 것이 중요하지. 참고로 정신 상태가 회복되어 원래대로 좋아지면 법원에서 금치산자 취소 판결도 받을 수 있단다.

둘째, 감옥에 갇히는 형벌을 '금고', '징역'이라고 하는데, 죄를 지어서 감옥에 갇힌 사람들에게도 선거권을 주지 않는단다. 셋째, 선거와 관련된 범

죄로 100만 원 이상의 벌금형의 선고를 받은 사람이나 법원에서 판결로 선거권의 정지나 상실 결정이 난 사람들은 일정한 기간 동안 선거권을 행사할 수 없단다."

"아빠 표현대로라면, 법원의 판결로 권리가 막혔으니 '선거'에서 '대화 상대'가 되지 못하는 거로군요. 그럼 최근에 우리 주변에 외국인이 많은데, 외국인은 투표할 수 있나요?"

선아가 꼼꼼하게 물었어요.

"모두는 아니지만 자격을 갖춘 외국인은 '지방 선거'에는 참여할 수 있어. 우리나라에서 죽을 때까지 살 수 있는 영구 체류 자격을 얻은 뒤 3년

이 지난 18세 이상의 외국인은 '지방 자치 단체장' 선거와 '지방 의회' 선거에 선거권이 있어."

"참 학교에서 들었는데, 여자들한테는 선거권을 주지 않던 시절이 있었다면서요?"

선아가 분한 얼굴이 되어 따지듯 물었어요.

"맞아. 예전엔 동서양이 모두 여자들은 집에서 가사일이나 하면서 남편에게 종속된 사람이라고 생각했단다. 만약 우리 집에서 아빠가 엄마한테 '당신은 아무 생각 말고 집안일만 하면서 세상에는 눈귀 닫고 살아.'라고 하면 당장 큰 부부 싸움이 벌어질 거야."

인정하라!

1946 프랑스　　1948 한국　　1971 스위스　　2005 쿠웨이트

아빠의 설명이 이어졌어요. 영국과 미국에서는 1850년대부터 여성들의 정치 참여를 위한 노력이 있었지만, 1893년이 되어서야 뉴질랜드에서 여성의 선거권이 세계 최초로 인정되었대요. 세계 최고의 민주 국가라는 미국에서도 1920년에 여성의 선거권을 인정했고, 영국은 1928년, 일본은 1945년, 프랑스는 1946년 등으로 선진국에서도 상당히 늦게 여성의 선거권이 인정되었다고 해요. 특히 스위스는 1971년, 쿠웨이트는 무려 2005년에 여성의 선거권이 인정되었어요. 아직도 여러 나라에서는 여성을 남성의 소유물로 취급하는 경우도 있다고 해요. 선아는 우리나라의 경우는 어땠는지 궁금해졌어요.

"우리나라는 언제부터 여자들에게 투표권이 주어졌나요?"

"우리나라는 1948년 헌법이 제정되면서 남녀의 참정권이 공식적으로 인정되었어. 그런데 미국 군인이 정부 수립을 지원하던 1947년에 있었던 제1대 국회 의원 선거에서 이미 여성은 선거를 할 수 있었단다. 해방 전에는 일본이 지배하고 있어서 당연히 여성의 선거권이 없었지."

"여성의 선거권이 인정되기까지 엄청 오랜 시간이 흐른 거네요. 내게 선거권이 생기면 누구보다 소중히 행사해야겠어요."

선거일이 되면 "내 표 하나 쯤이야."라며 자신의 선거권을 가볍게 생각하는 경우가 많아요. 투표를 포기하고 여행을 가는 사람도 많다고 하지요. 선거권을 얻으려고 싸우다가 죽어 간 사람들도 있다는 것을 생각하면 내가 행사할 수 있는 표 한 장에는 엄청난 가치가 들어가 있다고 할 수 있어요. 소중히 간직하고, 소중히 행사합시다.

'참정권, 선거권, 피선거권, 투표권'이란?
참정권 : 국민이 정치에 직접 또는 간접으로 참여할 수 있는 권리로 '선거권'과 '피선거권'을 말합니다.
선거권 : 국민이 정치에 참여할 수 있도록 헌법에서 보장한 권리로, 국민이 자신의 주권을 행사하여 투표할 수 있는 권리랍니다.
피선거권 : 선거에 입후보하여 당선인이 될 수 있는 권리를 말합니다.
투표권 : 선거권과 같은 뜻입니다. 투표할 수 있는 권리를 말합니다.

● **선거와 투표의 차등 제도**

　프랑스 귀족들은 1인이 2표를 행사하던 시절도 있었답니다. 1789년 프랑스 혁명의 시작은 '삼부회'라는 의회에서 시작돼요. 삼부회는 제1신분인 성직자 300명, 제2신분인 귀족 300명, 제3신분인 시민(부르주아) 600명으로 운영되었는데, 의사 결정은 '신분당 1표'였어요. 이건 사람 수로 보면 제1신분과 제2신분은 1인당 2표나 마찬가지죠. 성직자와 귀족은 신분별 표결을 원했고 시민은 머릿수 표결을 원했어요. 매번 성직자와 귀족이 시민의 주장과 반대될 땐 시민이 2대 1로 질 수밖에 없었어요. 그래서 의원 '1인 1표'를 주장하던 제3신분 부르주아의 의견이 받아들여지지 않아 프랑스 혁명이 시작된 거랍니다.

　영국 의회는 상원과 하원으로 나뉜답니다. 영국 상원은 1999년에 이르러서야 600년 동안 지속된 상원 의원의 가문 세습을 그만두게 되었어요. 정말 오랫동안 불공평했지요? 귀족 중심의 상원은 일반 국민이 뽑은 하원의 결정으로 올라간 법안과 예산을 거부하기도 하는 등 국가의 중요한 일을 좌지우지하곤 했어요.
　선진국에서도 일정한 양의 세금을 내지 않는 사람에게 선거권을 주지 않거나, 글씨를 알지 못한다고 선거권을 빼앗는 등 부자와 지식인들이 자기들 입맛에 맞는 제도를 만들어 가난한 사람, 여성, 유색 인종에게는 차등을 두었답니다.

● **이런 선거 저런 선거**

일본: 선거인이 직접 후보자 이름이나 정당 이름을 투표용지에 써 넣는 투표 방식(자서식 투표)을 채택하고 있어요. 글씨를 모르는 문맹자의 투표를 제한하면서 개표에 많은 시간과 비용이 들지요. 투표장에는 후보자의 이름이 적힌 안내문이 있다고 합니다.

프랑스: 후보자의 이름이 미리 적혀 있는 투표용지를 골라 투표 봉투에 넣은 뒤 투표함에 넣는 방식입니다. 속이 훤히 보이는 투명한 투표함을 사용합니다. 후보자마다 따로 투표용지가 있기 때문에 우리처럼 기표를 위한 용구가 따로 필요하지 않아요.

오스트레일리아: 투표를 모든 선거인의 의무로 규정하고 있어요. 정당한 사유 없이 투표를 하지 않은 사람에게는 벌금을 매깁니다.

남부 수단: 2011년 수단으로부터 분리 독립할 것인지, 수단과 통합할 것인지 묻는 남부 수단의 국민 투표에서 인구의 85%를 차지하는 문맹 유권자들을 위해 '그림 투표지'를 도입했어요. 한 손만 있으면 "분리 독립", 두 손을 맞잡으면 "통합"이라는 의미를 담은 투표용지였습니다.

Part. 4

선거에도 원칙이 있다고요?

학교에서 돌아온 선운이가 헐레벌떡 뛰어들며 소리쳤어요.

"아빠아빠. 빅 뉴스예요. 학교에서 어린이 회장을 뽑는데, 선아가 투표를 못했어요."

"워워, 숨 좀 돌리렴. 그런데 어떻게 그런 일이 있을 수 있지?"

"이번 학교 어린이 회장 선거부터 전자 투표를 하기로 했거든요. 3월 둘째 주에 후보자 신청을 받고, 셋째 주 목요일인 오늘 오후 2시~3시 사이에 각 반에서 전자 투표를 진행하기로 했어요. 우리 반은 선생님이 친구들 인증 번호 입력을 도와주어 한 명씩 투표했고, 그래서 1시간 안에 투표가 모두 마무리될 수 있었죠. 근데 선아네 반은 아이들이 한 명씩 나가 직접 인증 번호를 친 뒤에 투표하다 보니 1시간을 넘겨 버렸대요. 그래서 번호가 뒤쪽인 아이 네 명이 제시간에 투표를 못했고요. 거기에 선아도 포함되어 있던 거죠."

"흠. 이거 편리하고 공정하게 하자고 만든 선거 방식이 도리어 선거권을 방해해 버렸구나."

얼큰 아빠의 표정이 조금 어두워졌어요.

"근데 아빠. 이럴 경우에 투표를 못한 아이들을 모아 다시 투표하게 하

면 안 되나요?"

"음. 아빠 생각에는 투표를 못한 선아와 다른 세 명의 친구에게 교장 선생님이나 담임 선생님이 미안하다고 사과하는 것 말고 선거를 다시 하기는 어려울 거 같아. 나라에서 하는 선거의 경우에는 시스템의 오류나 선거 관리 위원회의 잘못으로 투표를 못하는 일이 생기면 그에 대한 피해 보상을 할 수도 있을 텐데, 학교에서 하는 투표를 못했다고 소송을 걸기도 어렵지 않겠어? 근데, 왜 학교 어린이 회장을 뽑는데 전자 투표를 하는 거야?"

"그건 잘 모르겠지만, 투표 끝나고 5분 뒤에 바로 당선자가 발표되어서 좋긴 했어요."

"아마도 빠른 개표와 집계를 위해서 전자 투표를 하나 보다. 민주주의를 직접 체험할 기회였겠구나. 한 명씩 나가서 했다니 비밀을 유지했고, 한 사람씩 인증한 뒤 투표를 했으니 직접 투표한 거네. 그리고 모두에게 동등하게 한 표씩 주었고, 5학년 이상이면 누구나 참여할 수 있었네. 절차를 보면 선거의 4대 원칙을 골고루 지키려고 애쓴 것 같구나."

"선거의 4대 원칙이요? 그게 뭔데요?"

얼큰 아빠가 차분히 설명을 시작했어요.

"흔히 선거의 4대 원칙을 '보통 선거, 평등 선거, 직접 선거, 비밀 선거'라고 하지. 거기에 하나를 더하여 '자유선거'도 선거의 원칙으로 삼고 있어."

아빠의 설명을 듣다 보니 선운이의 머릿속은 조금 더 복잡해졌어요.

"아빠 그 말이 그 말 같아요. 조금 더 쉽게 설명해 주세요."

"허허, 그래. 먼저 '보통 선거'는 일정한 나이의 모든 국민에게 원칙적으로 선거권을 인정하는 제도를 말하는 것이지. 재력이나 세금을 얼마나 내는지 또는 사회적 신분, 인종, 신앙, 성별, 교육 등에 따라 선거 자격을 주거나 빼앗는 것을 '제한 선거'라고 해. 이는 보통 선거와 대비하는 개념이라고 볼 수 있지. 앞에서 봤듯이 여성이나 흑인에게 선거권을 주지 않았던 역사를 극복하고 만들어진 선거의 원칙이란다."

"그럼 '평등 선거'는 뭔가요?"

"'평등 선거'는 모든 사람의 표가 똑같은 가치를 가진다는 것을 말해. '귀족은 2표, 부자는 2표, 서민은 1표' 이렇게 차등을 두는 선거를 '차등 선거'라고 하지. 사람에 따라 표 수가 달라진다고 하면 참 불평등한 느낌이 들겠지?"

"네. 물론이죠. 모든 표는 똑같은 가치를 지니는 평등 선거가 옳다고 생각해요. 아빠, 저 '직접 선거'는 알아요. 선거권자가 후보를 직접 선택해 투

표하는 거죠?"

아빠가 선운이의 질문에 흐뭇하게 웃으며 대답했어요.

"그래. 우리나라의 대통령, 국회 의원, 시장, 시의원 선거가 대부분 직접 선거란다. 네가 전교 어린이 회장 뽑는 것도 마찬가지고. 대신 미국 대통령 선거처럼 국민은 대통령 선거인단을 뽑고, 이어 대통령 선거인단이 대통령을 뽑는 방식은 '간접 선거'라고 하지."

아빠는 우리나라도 간접 선거로 대통령을 뽑은 적이 있다고 말했어요. 대통령만이 아니라 학생 회장 선거도 간접 투표로 했다고요.

"아빠가 중학교 다닐 때는 학교 회장 선거를 모든 학생들이 투표하는 것이 아니라 1, 2, 3학년 각 반의 반장들만 모여 투표를 했어. 간접 선거는 직접 선거와 달리 선거권자의 생각이 제대로 반영되지 않을 수 있는 단점도 있단다."

"'비밀 선거'는 제가 누구한테 투표했는지 아무도 알 수 없게 비밀로 하자는 거지요?"

"빙고. 다른 사람들도 알 수 있는 방식은 '공개 선거'라고 해서 '비밀 선거'와 대비시켜 보면 쉽지. 반에서 눈을 뜬 채 손들고 반장을 뽑는다면 공개 선거 방식이 되겠지. 그런데 친구들끼리 서로 멀뚱멀뚱 손들어 주는 걸 모두 보게 되면 미안하기도 하고, 서운할 수도 있어. 눈치 보느라 제대로 투표를 못할 수도 있고 말이야. 그래서 손드는 선거도 가급적이면 눈을 감아 비밀 선거 형식으로 하려는 거지."

"아빠. '자유선거'는 뭔지 알쏭달쏭해요. 자유롭게 아무나 찍는 건가요? 아님 자유롭게 아무 때나 투표할 수 있다는 건가요?"

"하하. '자유선거'는 선거권자가 자유롭게 선거에 참여할 것인지 결정하는 '자유 투표제'를 말해. 이것은 선거 참여를 강제로 요구하는 '강제 투표제'와 대비되는 개념이지."

"그럼 그거 말고 다른 투표 방식은 없나요?"

"투표 방식으로만 보면 후보자 이름을 직접 적는 '자서식 투표'가 있어. 인쇄된 이름 옆에 일정한 기호를 찍는 '기표식 투표'가 있고. 전자 기기로 후보자를 선택하는 '전자 투표'가 있어. 이는 모두 기표 방식에 따라 구분하는 방법이야."

아빠는 그밖에도 투표 대상자 수에 따라서도 나눈다고 했어요. '단기 투표제'는 1명의 후보자를 선택하는 방식이고, '연기 투표제'는 2명 이상의 후보자를 선호 순위에 따라 투표하는 방식이라고 해요. 여러 후보 중에 좋아하는 후보가 둘 이상일 때, 연기 투표제로 하면 선택의 폭이 넓어지는 장점이 있어요. 대신 개표는 훨씬 힘들어질 거라고도 했어요. 아빠의 설명은 계속 이어졌어요.

"투표 장소에 따라 '투표장 투표'와 '부재자 투표'로 나누기도 해. 투표장 투표는 말 그대로 정해진 날, 정해진 투표소에 가서 하는 투표를 말해."

"그럼 부재자 투표는 뭔가요?"

"부재자 투표는 선거권자가 선거일에 투표소에서 투표할 수 없는 경우에, 우편이나 대리인 등을 통하여 투표를 대행하게 하는 제도지. 우리나라는 최근에 선거 당일에 투표가 어려운 경우 선거 기간 5일 전부터 이틀 동안 투표할 수 있는 '사전 투표제'를 도입해서 유권자들의 반응이 아주 좋단다. 아빠처럼 지방 출장이 많은 사람들이 좋아하는 방식이 '사전 투표

제'란다."

아빠는 부재자 투표와 사전 투표는 더 많은 사람들이 정치에 참여할 수 있도록 투표율을 높이기 위한 방안이라고 말했어요. 그런데 잠잠히 듣고 있던 선운이의 표정이 점점 더 어두어워지고 있었어요.

"선운아, 왜 그래. 무슨 걱정 있니?"

"얼큰 아빠 님? 선거와 투표의 방식이 이렇게 많고 복잡한데, 이걸 언제 다 외울 수 있겠어요."

"하하. 외울 필요는 없어. 선거의 원칙을 생각하면서 왜 이런 방법과 제도를 만들었는지 이해하는 게 더 중요해. 필요할 때 찾아보고 필요한 방식을 적절하게 선택하면 돼. 선거 방식도 나라마다 학교마다 알맞은 방식을 선택해서 합리적으로 진행하고 있으니 말이야."

선운이가 갑자기 손으로 어딘가를 가리키더니 소리쳤어요.

"아빠. 저기 선아가 오고 있네요. 그런데 어깨가 축 늘어져 있는걸요."

"에구, 유권자는 그런 거란다. 자기 의사를 제대로 표현할 수 없었는데, 기분이 좋을 리 있겠어? 선아 뿐만 아니라 투표와 개표에 전자 시스템을 활용하는 '전자 투개표' 방식에 대해서는 많은 사람들이 걱정을 하기도 한단다."

"편하고 좋은 점이 많은데 왜 걱정을 하지요?"

"전자 투표는 선아의 경우처럼 시스템에 문제가 생길 수도 있고, 시간 때문에 투표를 하지 못하는 경우가 생길 수도 있지. 그리고 시스템 오류는 어느 지역의 집계된 숫자를 엉뚱한 수로 바뀌게 만들 수도 있어. 또한 요즘은 해킹 기술이 너무 발달해서 어떤 외부 세력이 투표와 개표를 완전히 망치게 만들 가능성도 있단다."

"아, 아주 안전한 방식은 아닐 수 있겠네요. 그럼 어떻게 문제를 해결하면 좋을까요?"

"응. 아직 기술이 충분히 발달한 나라들도 전국적으로 진행되는 투표에 전자 투표를 선호하지 않아. 안전하지 않을 수 있다는 가능성 때문에 가급적이면 투표용지를 이용하지."

"아, 프랑스는 투명한 투표함을 이용한다고 하셨죠?"

"맞아. 그리고 일본은 후보 이름을 적게 하지. 어떻게든 전산 시스템에만 의존할 수는 없다고 해. 그리고 개표할 때도 손으로 확인하는 '수개표' 요구가 많단다. 전산 개표는 나중에 보조적으로 확인할 때만 쓰자는 주장이 많아. 공정하고 신뢰해야 할 투표가 전산 오작동, 해킹, 의도적 조작 등으로 부정 투표가 되면 안 되잖아."

"맞아요. 투표와 개표는 무엇보다 공정해야 하고, 안전한 방법이 제일 중요한 거 같아요."

"우리 선운이가 선거 박사가 다 되어 가는구나, 하하하."

• • •

　민주주의의 기초인 선거의 공정성에 대한 신뢰를 얻지 못한다면, 정치에 대한 믿음은 뿌리부터 흔들린다고 봐야겠죠. 정부, 선거 관리 위원회, 후보, 유권자 모두가 공정하고 믿음이 가는 선거 풍토를 만들기 위해 노력해야 합니다. 경제뿐 아니라 정치에서도 선진국이 되어야 할 과제가 우리에게 있답니다. 훌륭한 제도라 해도 참여하는 사람들이 나쁜 마음을 먹으면 엉망이 될 수 있어요. 그때마다 제도를 바꾸는 게 좋을지 사람들의 태도를 바꾸는 게 좋을지 생각해 보세요.

● **선거구 제도**

　선거구 제도는 선거인단을 나누는 방식을 어떻게 할지 정하는 것을 말해요. 제20대 국회 의원 선거를 예로 들어 볼게요. 당시 서울의 강남구에서는 강남갑, 강남을, 강남병 등 세 개 지역 선거구가 나뉘어 한 구에서만 3명의 국회 의원이 당선되었어요. 그에 비해 '태백-횡성-영월-평창-정선' 등 5개 시·군에서는 1명의 국회 의원만이 당선되었지요. 왜 이렇게 차이가 날까요? 이는 지역마다 인구가 다르니 어쩔 수 없다는 게 이유예요. 그래서 국회 의원 선거가 치러지기 전에는 늘 선거구를 어떻게 정할 것인지 이 '선거구 획정'으로 갈등이 생긴답니다. 정당은 자신들에게 유리한 지역에 더 많은 지역구가 획정되길 바라고, 정치인도 자신들의 이해관계에 따라 선거구 획정에 예민하게 반응하게 됩니다.

우리나라는 한 선거구에서 한 명의 당선자만 나오는 '소선거구제'를 채택하고 있어요. 소선거구제는 선거 관리가 쉽고 비용이 적게 드는 장점이 있어요. 하지만 1등만 당선시킴으로써 소수의 목소리를 무시한다는 단점도 있어요.

'중선거구제'와 '대선거구제'는 한 번 선거로 한 선거구에서 2명 이상의 당선자를 내요. 대선거구에선 2, 3등도 대표가 될 수 있어서 작은 정당이 자기 목소리를 낼 수 있는 환경이 만들어지는 장점도 있답니다.

● 대표제

대표를 중심으로 보면 다수 대표제, 소수 대표제, 비례 대표제, 직능 대표제가 있어요.

비례 대표제는 소수자를 보호하기 위한 제도입니다. 국회 의원 중에는 수학자, 바둑 기사, 영화배우, 장애인, 다문화 이주 여성, 스포츠 스타 등 평소 정치와는 거리가 먼 분들이 있어요. 이들은 비례 대표 국회 의원으로 직접 지역구 선거에 나가지 않고 독특한 환경, 이력, 능력, 전문성 등을 갖춘 사람들이 뽑힌 것입

니다. 각 정당은 선거가 시작되면 자기 당의 비례 대표 후보의 순위를 정해서 발표해요. 그리고 선거에서 정당이 얻은 비율에 따라 비례 대표 의원이 선출됩니다. 우리나라 국회 의원 300석 중 47석이 비례 대표 의원입니다. 정당의 이미지, 정당 활동, 정당 정책 등이 크게 작용하며, 후보 인지도는 낮아도 정당 인지도가 높은 정당이 유리합니다.

직능 대표제는 대표를 직업이나 직능으로 구분해서 뽑는 방식이에요. 지역구 대표의 경우 전문성이 떨어지고 산업, 경제, 문화, 환경, 노동 등에 대한 정책 결정에 부족함이 있다는 이유로 제안된 제도입니다. 하지만 우리나라에서 채택하고 있는 제도는 아니에요. 비례 대표제가 있으니 각 당에서 비례 대표 후보를 정할 때, 직능의 전문성을 고려해서 다양한 후보를 추천합니다.

다수 대표제는 소선거구제에서 가장 많은 표를 얻은 사람 한 명만 당선시키는 제도랍니다. 반에서 하는 반장 선거와 비슷해요. 전체 후보를 놓고 표결했을 때, 가장 많은 표가 나온 사람을 반장으로 뽑았다면 상대적 다수 대표제라고 하고, 1, 2등을 놓고 결선 투표를 다시 해서 전체 투표의 반을 넘긴 사람을 반장으로 뽑았다면 절대적 다수 대표제라고 합니다.

소수 대표제는 중, 대선거구제에서 두 명 이상의 대표자를 선출할 때 적은 수의 득표를 얻은 사람도 대표가 될 수 있게 한 것이죠. 2등 또는 3등도 대표로 나가게 될 경우 이 대표들은 소수의 지지로 대표가 된 것이라서 이렇게 부릅니다.

● **이럴 땐 당선 무효**

1. 선거 비용을 기준보다 훨씬 많이 썼을 경우, 선거 사무실의 사무장, 회계 책임자가 징역형 또는 300만 원 이상의 벌금형을 받았을 때 당선이 무효가 됩니다.

2. 당선인이 공직 선거법을 위반하거나 기업이나 후원자로부터 불법으로 돈을 모으는 등 정치 자금법 위반으로 징역형 또는 100만 원 이상의 벌금형을 받았을 때는 당선이 무효가 됩니다.
3. 선거 사무장, 선거 사무소 회계 책임자, 배우자, 후보의 부모나 자식 등이 선거와 관련 법 위반으로 징역 또는 300만 원 이상의 벌금형을 받았을 때는 당선이 무효가 됩니다.
4. 공직 선거법을 위반한 범죄는 최대한 빠른 처리가 원칙입니다.

선거법을 위반한 것으로 의심될 경우, 선거일 후 6개월 이내에 검사가 기소(공소를 제기함)해야 해요. 소송이 시작되면, 1심 재판은 공소 후 6개월 이내에 지방 법원에서 진행합니다. 2심(고등 법원), 3심(대법원) 재판은 앞의 판결 선고일로부터 각 3개월 이내에 재판을 진행합니다. 부당한 당선자가 조금이라도 자리를 더 오래 유지한다면 국민들은 그만큼 피해를 보게 되는 거지요.

Part. 5

4·19혁명이 투표 때문에 일어났다고요

선아가 의기양양한 얼굴로 아빠에게 물었어요.

"아빠, 2017년 3월 10일이 무슨 날인 줄 아세요?"

"선아야. 아빠가 아무리 깜빡깜빡한다고 해도 그걸 모를까 봐서. 박근혜 전 대통령이 우리나라 최초로 헌법 재판소 탄핵 인용 결정으로 대통령직에서 파면된 날 아니냐."

"아, 아빠 기억은 그렇군요. 전 아빠가 술에 취해 들어와 거실에서 '하야 하야 하야' 하며 막 노래를 부르다가 곯아떨어진 날로 기억되거든요."

선아의 말에 얼큰 아빠의 얼굴이 얼큰하게 달아올랐어요.

"그, 그래. 아빠가 하야하라고 그렇게 노래를 부르고, 베란다에 '박근혜 즉각 퇴진' 현수막도 걸었으니 결국 파면되었잖아. 빨리 하야했으면 좋았을 것을."

"그런데 아빠. 하야와 파면은 어떻게 달라요?"

"하야는 한자로 '아래 하(下), 들 야(野)'로 써. 대통령이나 고위직에 있던 사람들이 높은 자리에서 들판으로 내려온다는 말이지. 하야는 스스로 내려오는 거야. 그리고 파면은 한자로 '그만둘 파(罷), 벗을 면(免)'이라고 써. 이는 임무를 놓게 만들어 자리를 벗어나게 한다는 말이지. 하야는 잘못을

인정하고 스스로 결정하는 거라면, 파면은 자신의 의사와 상관없이 결정된 거지. 그래서 파면이 하야보다 더 수치스러운 거란다."

"우리나라 이승만 전 대통령은 4·19혁명으로 하야했다면서요?"

"그렇지. 1960년 대학생, 고등학생, 시민, 심지어 초등학생까지 시위를 했던 4·19혁명으로 대통령직을 그만 두었어."

"어떤 분들은 이승만 전 대통령을 국부라고 부르던데요?"

"초대 대통령이라서 그런 말을 하는 사람도 있어. 젊을 때는 독립운동을 했고, 1945년 해방될 당시에는 국민들에게 존경을 받는 인물이기도 했으니까. 하지만, 80세가 넘어서도 계속 권력을 놓지 않기 위해 결국 불법 선거까지 동원해 국민을 속이고 억압하다가 4·19혁명이 일어나게 만든 주인공이기도 해."

"책에서는 4·19혁명이 경찰이 집회하는 학생들한테 총을 쏘아서 일어난 일이라고 써 있었어요. 그런데 집회가 아니라 선거 때문에 사람을 마구 죽이는 일이 일어났단 말이에요?"

"선아야. 그 이야기는 이승만이 대통령이 된 과정부터 알아야 해."

선아가 궁금했는지 눈이 동그래지더니 아빠 곁으로 다가와 앉았어요.

"어떻게 대통령이 되었는데요, 아빠?"

"1919년 3·1운동 후, 일본으로부터 나라를 되찾자고 독립운동가들이 상하이에 '대한민국 임시 정부'를 만들었다고 했지? 이승만은 그 임시 정부의 초대 대통령으로 임명되었어. 하지만 상하이에 있는 임시 정부에서 직책을 수행하지 않고 미국에 머물렀어. 근데 당시 국회의 역할을 담당했던 임시 정부 의정원의 결의를 무시했다는 이유로 1925년에 대통령직에서 탄핵되었단다."

"우와, 임시 정부에서도 대통령을 탄핵시켰다는 사실은 몰랐어요."

이승만 전 대통령은 탄핵된 이후 미국에서 외교 중심의 독립운동을 이어나갔어요. 그러다 보니 미국 관리나 정치인 들과 친해지게 되었지요. 마침내 1945년이 되어 미국이 일본을 이기고 제2차 세계 대전이 끝이 났어요. 이후 우리나라 북위 38도선 이남에 미군이 들어와서 국가 수립까지 관리하게 되었고요.

"이승만과 미군은 38도 이남에서라도 단독 정부를 세우자고 주장했어. 이때부터 남북 단일 정부를 세우자고 주장하던 반대 세력을 누르고 힘을 더욱 키워 나갔던 거지."

"그럼 초대 대통령을 미군이 시켜 준 건가요?"

"그건 아냐. 1948년 정부 수립과 헌법 제정을 위한 제1대 국회 의원 선거에서 당선된 이승만은 나이가 가장 많다는 이유로 5월에 국회 의장이 되었어. 곧바로 7월에 국회 의원 중에서 대통령을 뽑는 선거에서 대통령이 되었지."

"임시 정부에서 탄핵되었다 해도, 초대 대통령이 된 건 정당했던 거 같은데요?"

"초대 대통령이 되는 과정에서 절차상 문제가 없었지. 하지만 제2대 대통령부터 문제가 발생해. 1952년 한국 전쟁 중에 대통령을 또 하기 위해 헌법을 간선제에서 직선제로 바꿔서 제2대 대통령이 돼. 그때 국회엔 여당보다 야당이 많아서 이전처럼 국회에서 선거하면 당선될 가능성이 없었거든. 사실 이때부터 많은 문제가 생기기 시작했단다."

선아가 아리송한 얼굴이 되어 물었어요.

"근데 아빠. 국회 의원들만 투표하는 간접 선거에서 국민이 직접 뽑는 직접 선거가 되었다면 더 좋은 거 아닌가요? 뭐가 문제죠?"

"그래. 국민이 직접 참여하는 건 좋은데, 오직 자신의 정권 연장을 위해 대통령이 나서서 헌법의 효력을 중지시키고 계엄령을 선포한 뒤에 헌법을 고쳤다는 데에 문제가 있지. 계엄령은 국가 비상사태로 나라와 국민을 위해 아주 급할 때만 발령하는 건데, 이승만 전 대통령이 자기에게 유리하도록 계엄령을 선포한 뒤로는 다른 독재자들도 따라하게 되었거든."

"에휴, 그래서 두 번째 대통령을 하고 물러난 건가요?"

"아니, 그랬다면 하야할 일도 없었을 거야. 당시 헌법에는 대통령을 두 번 하고 나면 다시 출마할 수 없게 되어 있었어. 그런데 이승만 전 대통령은 1954년이 되어서는 자기만 대통령을 3번 이상 할 수 있도록 헌법을 고치려고 했어. 이때 헌법 개정안 의결 정족수는 국회 의원 2/3의 찬성이 있어야 하는데, 당시 재적 의원 203명 중 135명이 찬성해. 문제는 203명의 2/3는 135.33명인데, 사람으로 셀 땐 136명으로 세야 맞거든. 이승만과 여당이던 자유당은 135.33의 반올림은 135이니 의결 정족수도 135명이면 충분하다고 우기고 개헌을 밀어붙였지. 그게 세계적으로 웃음거리가 되었던 '사사오입 개헌'이야."

"아! 사람을 셀 때엔 소수점 이하가 있으면 1명을 더 인정하는 거로군요?"

"그렇지. 그건 어느 나라든 공통이란다. 암튼 이승만은 그렇게 헌법을 고치고 1956년에는 드디어 제3대 대통령에 당선이 된단다. 이를 본 국민들은 학생, 지식인 등을 중심으로 분노하기 시작했어."

"아, 저라도 화가 났겠어요. 대통령 자리가 그리 좋은가? 평생 대통령만 하려고 했었네요. 그런데 그런 사람을 국민들이 또 뽑아 줄까요?"

"맞아. 그래서 1960년에 제4대 대통령 선거에선 다른 방법을 선택한단다. 심지어 야당인 민주당의 유력한 후보였던 조병옥이 몸이 아파 미국으로 치료를 받으러 간 사이 선거를 치르려고 5월로 예정된 선거를 3월로 앞당기는 꼼수도 부려. 1959년에 이미 유력한 경쟁 후보였던 진보당의 조봉암을 간첩으로 몰아 처형하기도 했지."

선아의 입이 떡 벌어졌어요.

"완전 대통령병에 걸린 사람이었나 봐요."

"이승만은 1960년에 이미 나이가 만 85세였어. 그래도 다시 대통령을 하겠다고 나선 거지. 선거에서는 공무원, 경찰 등을 총동원하여 '3·15부정 선거'를 실시해. 투표소에 조를 짜서 들어가 투표하게 하여 '비밀 선거 원칙'을 위반하고, 개표 수를 조작하여 '선거법'을 위반하고, 폭력배를 이용해 유권자를 협박하여 '자유선거 원칙'을 위반해. 그렇게 억지를 부린 뒤 이승만은 제4대 대통령이 되고, 이기붕은 부통령으로 선출되었지."

이번엔 선아의 얼굴이 붉으락푸르락해졌어요.

"정말 국민들이 참을 수 없는 지경에 이르렀겠네요."

"맞아. 국민들은 분노했고 전국에서 이승만의 '3·15부정 선거 반대' 집회와 시위가 일어나지. 그러던 중에 시위 도중 실종된 마산상고 1학년 김주열 열사의 시신이 4월 10일 눈에 최루탄이 박힌 채로 마산 앞바다에 떠올랐단다. 이 사건은 분노한 시민과 학생 들을 더 자극했어. 그러던 중 4월 18일에는 고려대 학생들이 시위 도중 폭력배에게 무차별 폭행을 당한 일도 벌어져. 드디어 4월 19일에는 분노한 시민과 학생 들을 향해 경찰이 마구 총을 쏘아 183명의 사망자와 6,259명의 부상자가 발생했지."

"아, 정말 답답해요. 한때 독립운동을 했던 사람이 대통령인데, 일본이 통치하던 때와 다를 게 하나도 없잖아요."

선아는 답답하다는 듯이 한숨을 내쉬었어요.

"맞아. 별반 다를 게 없었어. 지지해 줄 기반이 약해서 친일파도 많이 기용했거든. 그러니 국민 알기를 아주 우습게 알았던 거지."

얼큰 아빠는 이후 이야기를 더 들려주었어요. 4월 25일에는 전국의 대학교수 258명이 이승만의 하야를 요구했어요. 버티던 이승만은 결국 4월 26일에서야 하야를 선언했어요. 그 시절 초등학생들도 현수막을 들고 나와 민주주의를 지키자며 목소리를 낼 정도로 민주주의에 대한 국민들의 갈망이 대단했다고 해요.

"선아야, 그러니까 이 모든 과정을 '4·19혁명'이라고 해. 우리 역사에서 혁명이라고 부르는 유일한 사건이기도 하지."

"아, 정말 소름이 끼칠 정도예요. 그 많은 사람을 죽이면서까지 권력을 유지하려 한 것도 화가 나고요. 그 사람이 독립운동을 했던 사람이라는 게 더 화가 나요."

"이승만은 독립운동을 하던 시절부터 '대통령 이승만'이라는 명함을 가지고 다닐 정도로 권력에 빠져 있던 사람이었다고 해. 권력에 대한 집착은 대량 살상과 마찬가지로 국가 전체에 나쁜 영향을 미치는 경우가 많아. 도박이나 알콜 의존증보다 훨씬 더 나쁜 거지."

"얼큰 아버님. 그래도 건강을 위해 술은 좀 자제하시는 것이. 박근혜 전 대통령 파면된 날처럼 과음하는 건 안 좋답니다."

선아의 공격에 얼큰 아빠가 얼른 말머리를 돌렸어요.

"흠흠, 국민들의 민주화에 대한 열기는 이후 계속되는 독재자들의 억압에도 불구하고 계속 이어진단다. 1980년에는 '민주화의 봄'으로 불리는 대학생들의 민주화 운동이 일어나고, 1987년에는 '6월 항쟁'이 일어났어. 그리고 2016년 11월부터 2017년 3월까지는 '촛불 혁명'이 일어났고 말이야."

"아! 우리 가족도 참여했던 촛불 혁명. 그러고 보니 저는 역사의 현장에 있었던 거네요."

어느새 선아의 얼굴이 환해졌어요.

• • •

이승만은 독립운동을 할 때부터 매우 독선적이었다고 해요. 혼자만 옳다는 생각 때문에 여러 사람과 마찰이 있었다고 해요. 결국 일본으로부터 해방된 나라가 전쟁을 겪은 뒤에도 비리와 부정으로 권력 연장에만 몰두했습니다. 4·19혁명은 이승만의 3·15부정 선거가 직접적인 원인이지만, 국민들 가슴에 쌓인 민주주의에 대한 열망이 없었다면 우리에게 최초의 민주주의 혁명은 없었을 겁니다. 불의에 맞서는 학생들의 용기와 시민들의 지지가 만들어 낸 민주주의의 승리가 바로 4·19혁명입니다.

4·19혁명을 보면 정당하지 않은 권력이 선거를 어떻게 악용하는지 알 수 있어요. 선거는 공정하게 치르면 민주주의를 만들어 가는 축제가 될 수 있지만, 이를 악용하면 비극적인 결말을 가져올 수도 있다는 것을 잊지 말아야겠어요.

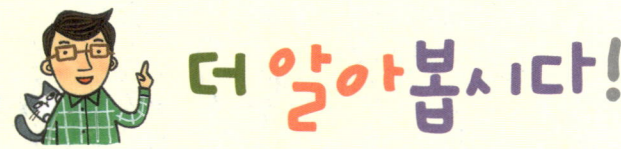

●우리나라 독재자들의 공통점

첫째, 독재자들은 모두 장기 집권을 꿈꿨어요.

이승만은 12년, 박정희는 18년, 전두환은 8년으로 모두 장기 집권을 꿈꾼 대통령들이랍니다. 이들의 마지막은 어땠을까요? 이승만은 1~3대 대통령을 하고 4대째 당선된 뒤 결국 하야했고, 하와이로 망명했어요. 5~9대 대통령이었던 박정희는 9대 임기 중 김재규의 권총에 맞아 사망했고, 전두환은 11~12대 대통령을 했어요. 하지만 내란 및 반란 등의 혐의로 구속, 기소되어 무기징역을 선고받았으나 이후 사면되었죠. 우리나라에 대통령제가 도입된 1948년부터 2017년까지 69년 동안 모두 38년이 넘는 기간을 독재자가 통치했으니 어마어마한 시간이지요?

둘째, 독재자들은 모두 장기 집권을 위해서 헌법을 바꿨어요.

이승만은 한국 전쟁 중 '발췌 개헌'을 통해 헌법에서 대통령제를 포함한 자기에게 유리한 내용만 추려 헌법을 고쳐 대통령이 되었고, 이후 사사오입 개헌으로 세 번째 대통령이 되었어요. 박정희도 두 번까지만 할 수 있던 대통령이었는데 1969년 헌법을 고쳐 세 번 할 수 있게 바꾸었어요. 거기에서 그치지 않고 유신 헌법을 만들어 아예 횟수 제한을 없애 버렸어요. 전두환은 쿠데타로 권력을 잡은 뒤, 간선제와 7년 임기를 내용으로 하는 5공화국 헌법을 만들어 장기 집권을 노렸어요. 박정희는 이승만을 따라 했고, 전두환은 박정희를 따라 하려 했죠.

셋째, 독재자들은 모두 언론과 지식인을 탄압했어요.
　이승만은 독립운동에 헌신했던 사람들을 버리고 친일파를 뽑아서 권력을 유지하다 보니 주변에는 아부 잘하는 사람들만 있었죠. 바른 말을 하는 지식인, 학생들과는 사이가 나빴어요. 박정희는 중앙 정보부라는 정보 기관을 만들어 지식인과 언론을 탄압했어요. 박정희와 여당에 반대하는 사람들을 '간첩'으로 몰아서 재판한 다음 날 사형을 집행했던 '인혁당 사건'도 있었어요. 전두환은 한 발 더 나아가 여러 언론사를 통폐합합니다. 많은 언론인이 해고되고, 독재에 반대하며 민주화 운동을 하던 학생과 정치인은 안전 기획부라는 정보 기관을 통해 모진 고문을 당했어요. 대표적인 사건이 '김대중 내란 음모 사건'으로 당시 야당 유력 인사인 김대중 전 대통령을 간첩으로 몰았던 일이 있습니다.

넷째, 독재자들의 결말은 항상 비극으로 끝이 났어요.
　이승만은 4·19혁명으로 하야했고, 박정희는 부하가 쏜 총에 맞아 사망했고, 전두환은 1987년 6월 민주화 운동으로 물러났습니다. 이로써 평생 대통령을 하려고 했던 독재자들의 끝은 모두 비극으로 마무리 짓는다는 것을 알 수 있겠지요?

● **6·29 선언**
　1987년 6월 29일 당시 민주정의당(민정당) 대통령 후보였던 노태우가 야당과 시민, 대학생 들이 요구한 '대통령 직선제'를 포함한 민주화 요구를 받아들이겠다는 내용의 발표를 '6·29 선언'이라고 해요.
　① 대통령 직선제 개헌을 통한 1988년 2월 평화적 정권 이양
　② 대통령 선거법 개정을 통한 공정한 경쟁 보장
　③ 김대중의 사면 복권과 시국 관련 사범들의 석방

④ 인간 존엄성 존중 및 기본 인권 신장
⑤ 자유 언론의 창달
⑥ 지방 자치 및 교육 자치 실시
⑦ 정당의 건전한 활동 보장
⑧ 과감한 사회 정화 조치의 단행 등을 내용으로 합니다.

1980년 12·12사태로 권력을 손에 넣은 전두환 군사 정부는 헌법을 고쳐 '대통령 간접 선거제'로 '체육관 대통령'이 되어 독재 정치를 하게 됩니다. '5·18 광주 민주화 운동'을 총칼로 막은 것은 물론 언론을 손에 넣은 뒤 언론사를 마음대로 통폐합시켰어요. 또한 민주화를 요구하는 정치인과 대학생 들을 잡아서 가두고 고문까지 했지요. 특히 야당 지도자로서 국민들의 믿음을 얻고 있던 김대중과 김영삼에 대한 탄압이 심했답니다.

1987년은 대통령 선거가 예정된 해였어요. 이번에도 전두환은 체육관 대통령이 되려고 했어요. 1987년 4월 13일 야당과 재야인사들이 요구하는 '직선제 개헌'을 거부하고 '호헌(헌법을 수호한다는 말로 대통령 간선제를 그대로 유지하겠다는 뜻) 조치'를 발표합니다.

　이러한 상황에서 경찰의 고문으로 사망(1987.1.14.)한 서울대학교 언어학과 박종철 학생 문제가 불거지면서 물러설 수 없는 대결이 이어졌어요. 그러던 중에 6월 9일 연세대학교 이한열(1987.7.5. 사망) 학생이 시위 도중 경찰이 쏜 최루탄에 눈을 맞아 중태에 빠지게 돼요.

　국민들의 분노가 참을 수 없는 지경에 이르렀을 때 민정당은 6월 10일 노태우를 대통령 후보로 내세웁니다. 전국 18개 도시에서 큰 규모의 집회가 열리고, 학생과 시민 들의 시위도 매일 계속되었어요. 6월 26일에는 100만 여 명의 시민과 학생이 전국 37개 도시에서 시위를 벌였습니다.

　1987년 6월, 정부에 맞서서 민주화를 요구한 국민들의 민주화 운동을 '87년 6월 민주화 운동' 또는 '6월 민주 항쟁'이라고 합니다. 4·19혁명 이후 가장 큰 민주화 운동이었고, 대통령 선거를 두고 빚어진 갈등이 큰 원인이 되었어요.

　6월 민주 항쟁은 7, 8, 9월에는 노동자들이 들고 일어서는 대투쟁으로 이어졌어요. 군사 독재 시절에 제 목소리를 못 내고 신음하던 노동자들이 자기 목소리를 내기 시작한 것이죠. 그렇지만 국민들의 변화에 대한 열망에도 불구하고 직

선제로 치러진 대통령 선거에서 민정당 후보였던 노태우가 당선되었습니다. 야당 인사였던 김대중, 김영삼, 김종필 이른바 '3김'은 닭 쫓던 개 지붕 쳐다보는 꼴이 되었어요. 결국 김영삼과 김종필은 노태우와 손잡고 민주자유당(민자당)을 탄생시킵니다.

● **국정원 댓글 사건**

얼마 전 탄핵 인용으로 파면되고 이어 구속된 박근혜 전 대통령은 어쩌면 처음부터 대통령 자격이 없었는지도 모르겠어요.

한창 대통령 선거 운동이 진행 중이던 2012년 12월 11일 서울 강남의 한 오피스텔에 경찰과 야당이던 민주통합당에서 찾아갑니다. 그 오피스텔에 거주하는 사람은 국정원 직원이었어요. 하지만 경찰 조사에 응하지 않고 40시간 동안 문을 잠그고 나오지 않았죠. 그때 상황은 인터넷으로 생중계될 정도로 대단한 관심을 불러일으켰죠.

전직 국정원 직원의 제보 내용에 따르면 국정원은 2011년 11월부터 3개 팀 70여 명이 매일 정치 뉴스 등에 댓글을 달게 했다고 합니다. 강남 오피스텔 사건은 야당이 그중의 한 명을 경찰과 중앙 선거 관리 위원회에 신고한 사건이에요.

2012년 12월 16일에 당시 박근혜 새누리당 대통령 후보는 '대통령 후보 TV 토론'에 나와 민주통합당이 가해자이고 국정원 직원이 피해자라며 반대로 주장을 합니다. 때마침 대통령 후보자 토론이 끝나고 1시간도 안 되어 서울 지방 경찰청은 "국가정보원 직원 김 모 씨가 다수의 아이디를 사용한 증거는 나왔지만 게시글이나 댓글을 단 흔적이 없다."는 내용의 중간 수사 발표를 하였어요. 박근혜 후보를 돕기로 작정한 것이지요. 그리고 토론 사흘 뒤인 12월 19일 박근혜 후보는 51.6%의 득표로 대통령이 됩니다.

2013년 1월 3일 경찰은 국정원 직원인 김○○이 사람들이 많이 오가는 '○○○' 사이트에 16개의 아이디로 활동한 것을 확인했어요. 그러자 국정원은 '○○○' 사이트에서 국정원 직원이 한 일은 고유 업무이고, 그 사이트는 북한을 따르는 종북 사이트라고 주장했어요. 또한 국정원은 인터넷에서 상대편 후보를 비난하고 여당 후보에게 유리한 글을 댓글로 올린 것을 '대북심리전(북한 사람들을 심리적으로 자극하는 것)'이라고 했어요. 그리고 2013년 12월에는 국군 사이버 사령부 직원들도 대통령 선거에 개입하는 글을 올렸던 것이 사실로 밝혀졌어요.

닉슨 대통령

  미국에서는 상대편 후보를 도청하려다가 들켜 대통령직을 내려놓은 사건이 있었어요. 1972년 6월 대통령 R.M.닉슨의 재선을 위해 비밀 공작반이 민주당 본부가 있던 워싱턴의 워터게이트 빌딩에 몰래 들어가 도청 장치를 설치하려다 들켜 체포된 사건이에요. 이 사건은 1974년 대통령 사임으로 마무리되었답니다. 여기서 중요한 건 '도청 장치를 설치하려다 들킨' 거예요.
  우리나라 국정원은 댓글을 수십만 건이나 달았으면서도, 그걸 숨기려고 했어요. 전직 국정원 직원의 제보도 있었는데 말이죠. 하지만 대통령이 된 박근혜는 결국 국정 농단이라는 더 큰 죄를 짓게 되었으니 이런 것을 보고 '사필귀정'이라고 하는가 봅니다.

Part. 6

투표를 거부할 수도 있나요

아침부터 선아와 선운이가 투닥투닥 싸우고 있어요. 아빠의 중재가 필요한 순간이었죠.

"무슨 일이야. 선아가 선운이한테 화나는 일이 있나 보구나?"

"아빠, 저 오늘부터 선운이랑 말 안 할래요. 오늘 선운이가 제 휴대폰에서 친구들과 만든 대화방에 들어가서는 저인 척하고 막 떠들었어요. 엉뚱한 말만 잔뜩 올려놓고는 지금까지 저한테 사과 한마디 안 해요."

선아의 말에 선운이가 민망해졌는지 한마디 보탰어요.

"야, 너도 내 휴대폰 들어가서 마음대로 하면 되잖아."

보다 못한 아빠가 끼어들었어요.

"선운이는 일주일 동안 휴대폰 압수다. 대화의 기본을 모르고 선아 친구들한테 잘못을 저질렀잖니. 반성한다는 마음으로 사과의 동영상을 찍어서 선아 대화방에 올리는 것도 추가로 해야 한다. 선아야, 이렇게 하면 선운이랑 대화할 용의는 있는 거니?"

잠시 생각하던 선아가 곧 입을 열었어요.

"네, 화는 나지만. 그 정도 성의를 보인다면 봐줄 수 있어요. 참 아빠, 선거는 대화라고 했잖아요. 우리가 대화를 거부하는 것처럼 선거도 거부

할 수 있는 거죠? 박근혜 전 대통령 탄핵 소추안이 국회에서 의결될 때 1명 불참, 2명 무효, 234명 찬성, 56명 반대, 7명 기권이라고 했잖아요. 그러니까 무효나 기권 모두 선거를 거부한 거 아닌가요?"

"맞아. 선거에 의사를 표현하지 않는 방법에는 여러 가지가 있어. 선거는 참여하면서 무효표를 만드는 방법과 투표에 응하지 않는 방법이 있고, 선거를 적극적으로 거부하거나 심지어 방해하는 방법도 있지."

"무효표는 투표용지에 여러 후보를 찍거나 어느 누구도 찍지 않는 것처럼 정해지지 않은 방식으로 표시하는 걸 말하는 거죠?"

"선아가 무효표의 의미를 아주 정확하게 알고 있구나. 아예 투표에 응하지 않을 수도 있어. 이를 '기권'이라고 하지. 지지하는 후보가 없다거나 이 선거에 의미를 두지 않는 등 선거를 하겠다는 적극적인 의지가 없으면 기권을 하는 사람도 있지. 유권자에게 무조건 투표에 참여하라고 강요할 수는 없단다."

아빠는 이어 선거의 원칙 중 자유선거는 자유롭게 선거에 참여할 권리를 말하기도 하지만, 선거에 무조건 참여해야 할 의무를 포함하고 있는 건 아니라는 헌법 학자들의 견해에 대해서도 이야기해 주었어요. 한편 선거 보이콧을 주장하며 적극적인 선거 거부와 선거 방해를 하는 사람도 있는데 그건 공직 선거법 위반이 될 수 있다고 했어요.

"선거나 투표 참여 여부가 어떤 결과를 가져오는지 궁금해요."

"2016년에 콜롬비아가 참 좋은 사례가 되겠구나."

"콜롬비아에 어떤 일이 있었나요?"

"당시 콜롬비아 정부는 콜롬비아 무장 혁명군과 분쟁을 끝내자는 내용의 평화 협정을 체결했어. 그리고 최종적으로 지지 여부를 묻기 위해 국민 투표를 실시했지. 투표 결과는 찬성 49.8%, 반대 50.2%로 부결되었단다. 정부군과 무장 혁명군이 벌인 내전으로 52년 동안 22만 명이 사망했고, 5백만 명의 난민이 발생했다고 해. 그리고 평화 협정을 체결하는 자리엔 미국, 멕시코, 쿠바 등의 주변 나라와 반기문 당시 UN 사무총장이 함께해 역사적인 순간을 지켜봤다는구나. 심지어 평화 협정을 이끌어 낸 콜롬비아의 산토스 대통령은 '2016년 노벨 평화상'을 받기도 했지. 반군에게 아버지를 잃었던 내무장관도 '이게 최선이다.'라며 평화 협정을 지지했어."

선아가 의아하다는 듯 물었어요.

"그렇게 좋은 협정을 사람들은 왜 반대했죠?"

"희생자 가족은 평화 협정을 맺으면 무장 혁명군을 용서하는 것으로 생각했거든. 그들을 용서하는 것에 '정의'가 빠졌다고 믿었지. 전체 유권자의 37.44%가 투표에 참여하고, 반대하는 사람들은 적극적으로 자기 주장을 펼치면서 국민 투표는 부결되었는데, 유권자 전체로 보면 18.8%의 반대로 국민 투표가 부결된 거야. 결국 내전으로 인한 피해가 반복될 수도 있게 된 거지."

"반대로 투표율이 높았던 사례는 없어요?"

"그 사례로는 2016년 6월에 있었던 영국의 브렉시트(Brexit) 국민 투표를 들 수 있지. 브렉시트는 영국(Britain)과 탈퇴(Exit)의 합성어로 영국의 유럽 연합(EU) 탈퇴 여부를 묻는 국민 투표였어. 이때 유권자의 72.21%가 투표를 해서 51.89%가 찬성을 했고, 48.11%가 반대를 했어. 여기서 눈여겨볼 것은 18세에서 24세까지의 젊은 층은 64%가 유럽 연합(EU)에 남기를 원했고, 65세 이상(평균 나이 73세)의 노년층은 58%가 유럽 연합 탈퇴를 찬성했다는 거지."

"젊은 사람들과 어르신들의 의견이 많이 달랐네요."

"맞아. 또한 영국은 자기들만 잘 살겠다고 유럽 연합을 탈퇴한다고 했는데, 만약 영국의 결정이 잘못된 것이라면 할아버지 할머니 들은 후손에게 미안한 일을 한 게 되는 것이지. 얼큰 아빠가 보기에도 별로 좋아 보이진 않아. 이와 같은 결정은 함께 잘사는 길을 찾자고 뭉쳤던 유럽 연합의 기본 정신을 깨뜨린 것이라고 생각하거든."

"그럼 우리나라 국민 투표는 어땠어요?"

"전에 말했듯이 박정희 전 대통령은 1961년 5·16군사 쿠데타로 정권을 잡았잖아. 그 후, 이승만과 다르다는 점을 강조하려고 세 번 이상 대통령이 될 수 없도록 헌법을 고쳐. 이때 국민들은 박정희 전 대통령의 제안을 찬성하지. 그런데, 1969년 권력의 맛을 본 박정희 전 대통령은 마음이 달라졌어. 대통령을 3회 이상 할 수 있도록 헌법을 고치는데, 야당이 국회의장석을 점거하면서 결사적으로 반대하자 여당은 1969년 9월 14일 일요일 새벽에 기습적으로 개헌안을 통과시켰어. 그리고 나서는 국민 투표에 붙여 경제를 살리기 위한 어쩔 수 없는 선택이었다고 국민들을 설득해."

"국민들이 그걸 들어주지 말았어야죠."

"하지만 이번에도 국민들은 국민 투표에 찬성해 줘."

"정말 한 나라의 대통령이라는 사람들이 거짓말을 밥 먹듯이 했군요. 말만 들어도 분해요."

선아도 선운이도 화가 많이 났는지 씩씩거리며 말했어요.

"그래. 우리 쌍둥이도 화가 많이 나지? 이어 대통령의 자리에 오른 전두환도 박정희를 따라 헌법 개정을 국민 투표에 붙여. '통일주체국민회의'라는 대통령 선거인단이 서울의 장충체육관에서 만장일치로 뽑는 '체육관 선거'로 당선된 다음 어떻게 했는지 아니? 국민을 엄청나게 괴롭혔고, 엄청난 돈을 모아서 결국 구속에 이르렀지."

"아휴. 정말 우리나라엔 국민 투표 같은 건 필요 없는 거 아닌가요? 아니면 모조리 거부해 버리든가?"

이번에는 선운이도 목소리를 높였어요.

"역사적으로 보면 우리 국민들은 국민 투표에서 많이 속았다고 할 수 있어. 그동안은 국민을 가르치고 지시할 대상으로 생각했던 권력자들의 의지가 관철되었지. 하지만 국민 투표는 다른 선거와 마찬가지로 국민들이 정치에 참여할 수 있는 아주 좋은 기회야. 독재자들도 국민 투표를 했던 이유는 '국민의 동의'라는 절차의 정당성을 확보하고 싶었기 때문이야. 그만큼 국민의 의사를 묻는 국민 투표는 중요하지. 아마 박정희나 전두환 전 대통령이 하던 국민 투표를 요즘 국민들에게 제안하면 '부결'될걸? 민주주의에 대한 의식이 그 시대보다 훨씬 성숙해졌으니까. 요즘 인터넷과 광장에서 국민들이 주장하는 말을 들어 보면 여느 정치인 못지않아."

"맞아요. 작년 겨울에 경기도 시흥에서 있었던 일인데요. 아파트 대표자 회의에서 두 아파트 단지 사이에 있는 철제 담장을 없애자고 결정을 했대요. 그리고 시에서 지원금을 줘 아파트 사이에 공용 쉼터와 학생 통학로를 만들었다는 기사를 본 적이 있어요. 주민들이 모여서 한 반상회 투표가 만든 좋은 사례라고 할 수 있겠네요?"

선아의 이야기에 귀를 기울이고 있던 얼큰 아빠가 흐뭇한 얼굴로 대꾸했어요.

"우리 선아가 뉴스를 열심히 봤구나. 지금으로부터 약 20년 쯤 전에는 임대 아파트 아이들의 통학로를 막는 담장을 쌓은 아파트 주민들의 이야기가 큰 뉴스였던 적이 있어."

"심했네요. 자기 아파트와 다른 아파트 사이의 담을 높이 쌓는 것은 마음의 벽도 쌓는 일이라고 생각해요."

"그래. 최근의 아파트 담장 허물기는 참 다행스러운 일이지. 담장이 사람들을 안전하게 만들어 주는 게 아니라 열린 길과 개방된 쉼터가 사람들을 더 안전하게 지켜 준다는 걸 배우는 것이야말로 민주주의와 선거의 개방성을 배우는 것과 다를 게 없다는 생각도 드는구나."

"아! 선거를 통해 국민의 뜻을 물어보는 건 이렇게 아파트 사이의 담장을 부수는 일과 같네요."

"그래. 맞아. 그러니까 선아도 선운이가 잘못을 진심으로 뉘우치면 그것을 용서할 수 있어야겠지? 같은 방에 있던 여러 친구들의 의견도 듣고 말이야."

충분한 정보가 있어야 자신의 생각을 제대로 표현할 수 있어요. 그 표현의 방법이 '반대'든 '거부'든 판단은 국민이 하는 것이지요. 그래서 항상 우리가 살고 있는 세상에는 언론과 출판의 자유가 보장되어야 한답니다. 이승만, 박정희, 전두환 전 대통령 등은 언론과 출판의 자유를 막았어요. 그러면서 자기들이 하고 싶은 대로 국민을 요리조리 몰아갔답니다. 다시는 그런 일이 되풀이되지 않도록 선거권이 있는 사람들의 "이유 있는 선택"을 기대합니다.

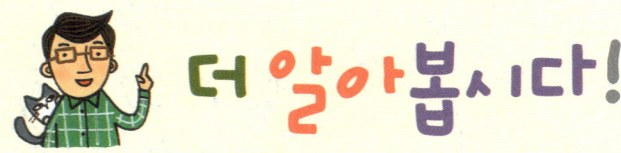

● 엘 클라시코(El Clasico)의 운명

영국이 브렉시트로 유럽 연합(EU)에서 탈퇴하겠다는 결정을 내리자 스코틀랜드 자치주는 바로 반발하면서 자신들도 다시 독립을 추진하겠다고 했어요. 참고로 2014년 스코틀랜드가 영국으로부터 분리 독립하겠다며 국민 투표를 했는데 55% 반대, 45% 찬성으로 부결되었답니다. 비슷한 지역이 또 하나 있어요. 바로 스페인입니다.

스페인에서도 카탈루냐 지방은 오래전부터 분리 독립을 주장한 자치주랍니다. 카탈루냐는 스페인에서 경제적으로 가장 부유한 지역(국내 총생산의 20%를 차지)입니다. 언어, 역사, 문화가 다르다는 인식이 강해 독립 요구가 끊이지 않았다고 해요. 그 역사가 한니발이 이끌던 카르타고가 지배하던 시기까지 올라간다고 합니다.

스페인의 프로 축구 리그인 프리메라리가에는 양대 산맥과 같은 팀이 있어요. 바로 'FC 바르셀로나(카탈루냐 지방)'와 '레알 마드리드'가 그 팀입니다. 그 둘의 경기를 "엘 클라시코(El Clasico)"라고 합니다. 카탈루냐 자치주가 독립하면 두 팀은 같은 리그에서 경쟁하지 않겠죠.

카탈루냐와 스페인 정부의 신경전은 오래 묵은 숙제예요. 2014년에는 카탈루냐 비공식 주민 투표에서 당시 전체 유권자의 36%인 230만 명이 투표해서 그중 80%가 독립 찬성 의사를 밝혔어요. 2016년 10월 카탈루냐 주의회는 "2017년 9월에 분리 독립 주민 투표를 실행한다."는 안건을 압도적인(72:11) 표로 찬성했답니다. 그리고 2016년 12월 스페인 헌법 재판소는 카탈루냐 주의회 결의안의 효력을 중단시켰어요.

스페인에는 오래전부터 자신들의 고유 언어를 사용하며 분리 독립을 주장하는 '바스크'라는 지역도 있습니다. 스페인 중앙 정부가 예민하게 반응하는 이유는 카탈루냐 바스크 둘 중 하나라도 분리되면 다른 쪽의 분리를 막기 어려울 것이라는 우려 때문이라고 합니다.

각국의 분리 독립을 위한 국민 투표를 살펴보면서 우리는 통일을 위한 국민 투표는 언제쯤 하는 게 좋을지 생각해 봐도 좋겠습니다.

Part. 7

다른 나라의 투표는 어떻게 이루어지나요

"아빠. 얼굴이 커서 슬픈 얼큰 아빠."

"왜? 마음의 줏대가 대단히 큰 아빠 여기 있어."

선운이와 아빠가 농담을 주고받고 있는데 선아가 헐레벌떡 뛰어와 이야기를 꺼냈어요.

"아빠, 옆집 아영이 언니 화 무지 났어요. 학교에서 수학여행지를 부산으로 결정했거든요. 언니가 부산에서 살다가 전학 온 지 얼마 안 되잖아요. 근데 네 반 중에서 부산이 두 반, 경주가 한 반, 제주도가 한 반 나와서 최종 부산으로 결정되었대요."

"근데 왜 화가 나지? 부산을 선택한 반이 가장 많으니 그렇게 결정한 게 당연한 거 아냐?"

얼큰 아빠가 의아하다는 듯이 물었어요. 그러자 선아가 차근차근 설명을 시작했어요.

"네. 반으로만 보자면 그게 맞아요. 근데, 각 반에서 학생들이 원하는 도시에 투표한 인원을 더해 보니, 120명 중에 경주는 53명, 부산은 47명, 제주는 20명이었대요. 그러니까 경주 1등, 부산 2등, 제주가 3등이라는 거지요."

"흠. 미국 대통령 선거처럼 했다는 얘기로군."

"응? 그게 무슨 말이에요, 아빠?"

우리나라는 국민이 직접 대통령을 뽑지요? 그래서 득표수가 가장 많은 사람이 무조건 대통령이 된답니다. 하지만 미국은 간접 선거로 대통령을 뽑아요. 각 주의 유권자들이 모여 선출한 선거인단이 연방 정부인 미국의 대통령을 뽑는 선거 방식이지요. 아빠의 친절한 설명에 선운이가 무릎을 치며 대꾸했어요.

"맞아요. 텔레비전에서 트럼프 대통령이 전체 국민의 지지율은 힐러리 클린턴보다 낮았지만 대통령 선거인단을 더 확보해서 대통령이 되었다고 했었어요. 무슨 소린지는 잘 몰랐지만 지지율이 낮아도 대통령이 될 수 있나 보다 생각했어요, 아빠."

"맞아! 미국의 50개 주 중에서 48개 주는 승자 독식(winner-take-all) 방식을 채택하고 있어."

"승자 독식이요?"

"응. 한 주에서 승자가 된 당이 그 주의 모든 선거인단을 차지하는 제도 란다. 각 주의 선거인단 수는 가장 많은 캘리포니아 주 55명부터 인구가 적은 버몬트 주, 알래스카 주처럼 각 3명인 주도 있어. 대통령 선거인단의 수는 모두 538명으로, 주마다 무조건 2명인 상원 의원 수 총 100명과 인구 비례로 정한 하원 의원 수 438명을 합한 수와 일치하지."

얼큰 아빠의 설명처럼 승자 독식은 어떤 주에서 이긴 당이 그 주의 선거인단의 표를 모조리 가져가는 방식을 말해요.

조금 더 자세히 살펴볼까요? 55명의 선거인단이 걸려 있는 캘리포니아 주를 예로 들어 볼게요.

이 주의 유권자들은 각 당별 선거인단 중 하나에 투표를 합니다. 만약 이 지역의 유권자가 1만 명이라고 해 볼게요. 그중 공화당 선거인단이 5,000표, 민주당 선거인단이 3,500표, 다른 당의 선거인단이 1,500표를 득표했다고 해요. 그럴 경우 55명의 선거인단을 득표율인 50%, 35%, 15%로 나누어서 가져가는 것이 아니라 50%를 얻은 공화당이 승자 독식에 의해 55명의 선거인단을 모두 가져가게 되는 구조예요. 50개 주 중에서 메인과 네브래스카 2개 주는 승자 독식이 아닌 주민 득표수에 따라 선거인단 수가 나뉘는 비례 배분 방식(Proportional System)을 채택하고 있답니다.

"아빠. 그런데 승자 독식은 어쩐지 좀 부당해 보여요. 우리 학교 수학여행 장소 투표처럼 전체 득표수는 많으면서도 결국 선거인단에서 뒤지는 일이 전에도 있었나요?"

"응. 지난 미국 대선에서는 전체 유권자로 볼 때 21만 표 더 많은 지지를 받은 힐러리 클린턴이 비운의 후보가 되었지. 근데 이게 선아 말처럼 처음 있었던 일은 아니야. 전체 지지 득표는 많았지만 선거인단 수가 적어 대통령이 되지 못한 일이 미국 역사에는 네 번 더 있어."

"우와, 네 번? 그렇게나 많아요?"

"응. 2000년 민주당의 앨 고어 후보가 조지 W. 부시에게 졌어. 1824년 민주공화당 존 퀸시 애덤스 대통령, 1876년의 공화당 러더퍼드 B. 헤이스 대통령, 1888년의 공화당 벤자민 해리슨 대통령 모두 국민의 낮은 지지에도 불구하고 선거 방식 덕에 대통령이 되는 행운을 누렸지."

"운이 좋은 거라고 할 수 있으려나요? 그런데 미국 사람들은 이런 방식을 부당하다고 생각하지 않나 봐요?"

선아가 의아하다는 듯 물었어요.

"거기에는 이런 이유가 숨어 있어. 미국은 각 주마다 인구와 경제 차이가 크거든. 그래서 대통령 후보들이 작은 주는 신경 쓰지 않을 수도 있어. 가령 9명의 선거인단을 뽑는 주가 있다고 해 봐. 만약 공화당과 민주당이 대등해서 4:5가 되면 차이는 1표밖에 안 되겠지? 그러면 당연히 후보들은 사람이 적고 가난한 주에는 신경을 덜 쓸 거고, 그게 오래 지속되면 작은 차이가 더 크게 벌어질 수도 있어. 그래서 한 표라도 이길 경우 9명의 선거인단을 모두 가져가게 하면, 후보들이 작고 외진 지역에도 최선을 다해 경

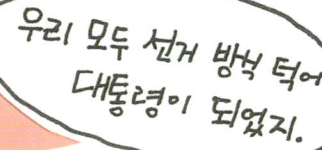

제와 복지 공약을 제시하려고 노력하겠지. 그런 이유 때문에 간발의 차이로 패배해도 깨끗이 승복하는 거란다."

"부당하게만 보이는 승자 독식에 그런 이유가 숨어 있었군요."

그때 선운이가 끼어들며 물었어요.

"저는 미국 말고 일본은 어떻게 하는지 궁금해요."

아빠가 흐뭇한 얼굴이 되어 대답했어요.

"오, 우리 선운이가 오랜만에 질문을 했군. 일본의 정치 체계는 입법부인 국회가 사법부와 행정부보다 우선하는 '의원 내각제'를 채택하고 있어. 행정부를 이끄는 내각 총리대신(줄여서 '총리')은 국회 의원이어야 하고, 이 자리는 국회에서 선출한단다. 국회는 중의원과 참의원으로 구성되어 있지. 중의원은 행정부에 잘못한 것이 있다고 판단되면 총리를 중심으로 하는 내각을 해산시키는 결정을 할 수 있어. 내각 해산은 우리나라로 말하면 총리와 각부 장관들이 해산되는 거야. 내각 해산 결정을 중의원에서 내리는 한편, 총리를 중심으로 하는 내각은 중의원 해산을 결정할 수 있어. 국회가 국회에서 만든 행정부를 해산하고, 행정부는 국회를 해산하는 복잡한 방식이야. 그렇게 해산되면 다시 중의원 선거를 하고 중의원 중에서 다시 내각을 꾸리지."

"아이고 복잡해라."

선운이가 어지럽다는 듯 머리를 짚었어요. 선아가 다시 물었어요.

"우리로 말하면 내각 총리대신이 대통령이라고 할 수 있는 거죠? 그리고 일본은 국회에서 총리도 뽑고 그 총리를 쉽게 해임할 수도 있다는 건가요?"

"맞아. 일본 총리도 행정부를 이끈다는 점은 같아. 하지만 총리는 우리 대통령보다 권한이 적고, 의회의 견제도 훨씬 많이 받아. 이런 경우 독재 정치가 어렵다는 장점이 있어. 반대로 다수당이 장기 집권을 하면 변화를 기대하기 어렵다는 단점도 있어."

그래서 일본의 보수 정당인 자유민주당(줄여서 자민당)은 1955년부터 1993년까지 집권을 한 다음, 그 후로 2년 5개월 정도를 제외하고는 현재까지도 계속 집권하고 있다고 했어요. 개인이 하는 독재가 아니더라도 다수당의 장기 집권은 국민의 정치에 대한 관심을 떨어뜨릴 수 있다고 했어요. 또한 오랜 보수주의 정당의 집권은 빠르게 변하는 시대에 대응하기 어려울 수도 있다고 얼큰 아빠는 설명해 주었어요.

"그래서 일본이 경제적으로는 선진국이지만 정치적으로는 다른 선진국의 손가락질을 받기도 한단다."

"그럼 헌법을 바꾸면 되지 않을까요?"

"오, 우리 선아가 중요한 지적을 했는걸. 일본은 제2차 세계 대전을 일으키면서 일당 독재를 했던 경험이 있어. 세계적으로도 일본은 전쟁을 일으킨 범죄 국가로 낙인 찍혀 있지. 최근에 군대를 키우고, 외국과 전쟁도 할 수 있는 내용으로 헌법을 일부 고쳤는데, 일본 내 국민과 주변 국가의 강한 반대로 힘들어 했지."

가만히 듣고만 있던 선운이가 다시 질문을 했어요.

"아빠, 중국은 사회주의 국가잖아요. 사회주의 국가는 대표를 어떻게 뽑죠?"

"응. 사회주의 국가인 중국은 우리나라, 미국, 일본과는 완전히 다르다고 할 수 있어. 중국은 헌법에서 정한 '전국 인민 대표 회의'라는 것이 있어. 줄여서 전인대라고 하는 이 기관은 우리로 치면 국회 같은 곳으로 행정과 사법을 모두 관리하는 권한을 갖고 있어. 그런데 이 전인대는 중국 공산당에서 장악하고 있단다. 현재의 '시진핑'은 중국 공산당 '총서기'로 권력 서열 1위이면서 중앙 군사 위원회 '주석'이자 중국의 최고 지도자이기도 해."

"시진핑은 어떻게 뽑힌 거예요?"

"오, 우리 선운이. 시진핑을 다 알고 있구나, 하하. 중국 공산당의 대표는 선거로 뽑지 않아. 지지 세력이 있어야 하고, 실력을 인정받으면 서열이 올라간단다. 일반 국민은 '구'라는 지역의 인민 대표를 선출하는 선거에만 참여하고, 다른 선거에는 참여할 기회가 거의 없단다. 우리가 생각하는 민주주의 정치와는 많이 다르지."

"그럼 중국의 일반 국민들은 정치에 참여할 길이 거의 없는 거라고 할 수 있겠네요?"

"1989년 6월 중국에서도 '천안문 사태'와 같은 민주화 운동이 일어나기도 했어. 당시 지식인, 대학생, 노동자 들이 천안문 광장에 모여 '개혁파이던 후야오방 복권, 부패한 당 지도층의 재산 공개, 언론 자유' 등을 요구하며 시위했지만 강경파가 집권하면서 탱크와 총으로 무자비하게 진압하여 수천 명의 사상자를 내고 끝났어. 최근 중국이 여러 나라와 교류하며 개방 정책을 펴고 있지만, 중국 국민들은 정치에 그다지 큰 관심이 없다고 해. 그래서 정부에 비판적인 지식인들은 중국이 아닌 외국에서 활동할 수밖에 없다고 하고."

"그럼. 이번에 유럽으로 가 볼까요? 유럽은 어때요?"

"하하. 유럽은 나라마다 다양하지. 우선 영국은 명예혁명 이후 '입헌 군주제'를 유지하고 있어. 왕이 있지만 통치하지 않고 상징적인 존재로만 남아 있지. 정치는 노동당과 보수당의 양당 체계로 비교적 안정적인 편이야. 프랑스는 대통령제와 의원 내각제가 조화롭게 어우러진 정치 체계를 갖고 있어. 독일은 제2차 세계 대전을 일으킨 아픔이 있어. 지금은 히틀러가 독일 전체를 획일적으로 통합 관리하면서 세계 전쟁을 일으킨 것에 대해 깊이 반성하면서 '연방주의'를 기본으로 하고 있어. 독일의 16개 주는 독립적인 헌법을 가지고 있고, 각 주는 독립적으로 운영되지만 연방 정부를 중심으로 정책의 통일성을 갖기 위해 노력한다고 해. 특히 독일은 헌법을 고치지 않기로 했다는구나."

"각 나라마다 각자의 상황에 맞게 정치 제도를 다양하게 발전시켜 온 것이 보이네요."

• • •

직접 선거와 간접 선거, 국회 중심의 의원 내각제와 대통령 중심의 대통령제 등 각 나라는 다양한 방식으로 대표를 뽑아 나라를 운영해요. 각자가 선택하는 제도는 달라도 어느 나라도 '국민이 나라의 주인'이라는 말을 부정하지는 않아요. 다만, 방식이 다르고 만들어 놓은 제도를 지키거나 지키지 않을 때가 있을 뿐이죠. 각자 다르다고는 하지만 자기와 다른 상대를 "틀렸다"고 부정하지 않는 자세가 무엇보다 중요하다고 할 수 있겠지요?

● 세계의 장기 집권 지도자들

〈카메룬의 폴 비야〉 아프리카에서 비교적 안정적인 정치를 하는 국가라고 하는 카메룬의 경우, 1960년에 독립한 뒤 1992년까지 단일 정당의 추대로 대통령을 뽑았어요. '아마두 아히조(Ahmadou Ahidjo)' 대통령은 1960년부터 1982년까지 22년간 대통령을 했어요. 그 후계자인 '폴 비야(Paul Biya)'는 1982년부터 2017년인 현재까지 35년 동안 6번째 대통령을 하고 있어요.

〈싱가포르의 리콴유〉 리콴유는 대통령제 국가인 싱가포르에서 1965년부터 1990년까지 총리로 재직했어요. 싱가포르는 대통령제 국가이지만 실제 대통령은 유명무실해요. 실권을 가진 리콴유가 그랬듯이 현재는 3대 총리인 그의 아들 리센룽이 실권을 쥐고 국가 주요 정책을 관장하고 있어요.

〈짐바브웨의 무가베〉 '로버트 가브리엘 무가베'는 2017년 현재 93세로 1980년 4월 짐바브웨가 정식으로 건국되면서 총리가 되어 실권을 장악했습니다. 1987년부터 대통령이 된 뒤 2013년 6선 대통령에 당선되었어요. 그리고 2017년 현재까지 30년 넘게 짐바브웨를 통치하고 있습니다.

〈러시아의 푸틴〉 1999년부터 현재까지 러시아의 실권을 장악하고 있어요. 구 소련이 무너진 뒤 옐친 대통령의 신임을 얻어 총리로 지명된 푸틴은 47세였던 1999년에 대통령 권한 대행이 되고, 2000년~2008년까지 대통령 2번, 2008년~2012년까지 실세 총리, 2012년부터 현재까지 대통령을 하고 있어요.

● 세계의 가족 지도자들

〈대한민국〉의 '박정희와 박근혜'는 아버지와 딸이 대통령을 지냈어요. 아버지 박정희는 독재자로, 딸 박근혜는 비리로 유명해졌어요. 아버지는 총에 맞아 사망했고, 딸은 파면되어 구속되었어요.

〈미얀마〉 '아웅산 수지'는 미얀마(옛 버마)의 독립 영웅인 '아웅산 장군'의 딸입니다. 아웅산 수지는 군인들의 독재에 대항하다 15년 동안 집에서 나오지 못하는 가택연금을 당하면서도 미얀마 민주화 운동을 이끌어 2012년에 노벨 평화상을 받았어요. 대통령은 아니지만 미얀마 사람들은 아웅산 수지를 정치적 지도자로 생각하고 존경한다고 해요.

〈미국〉 미국 41대 대통령은 '조지 H.W. 부시'로 43대 대통령인 '조지 W. 부시'의 아버지였어요. 아버지 부시는 이라크와 아들 부시는 아프가니스탄과 전쟁을 벌였어요. 아버지와 아들 모두 국내외에서 좋은 평가를 받지는 못했어요.

〈북한〉 '김일성, 김정일, 김정은'으로 이어지는 세계 유일한 3대 세습 국가가 되었어요. 김정은은 젊은 나이에 실권을 장악하고 공포 정치를 펼치고 있어요.

〈쿠바〉 '피델 카스트로'는 쿠바에서 사회주의 혁명을 일으키고 1959년부터 2008년까지 49년간 쿠바를 통치한 장기 집권 지도자로 유명해요. 현재는 동생 라울 카스트로가 집권하고 있어요.

Part. 8

당선이 무효가 될 수도 있나요

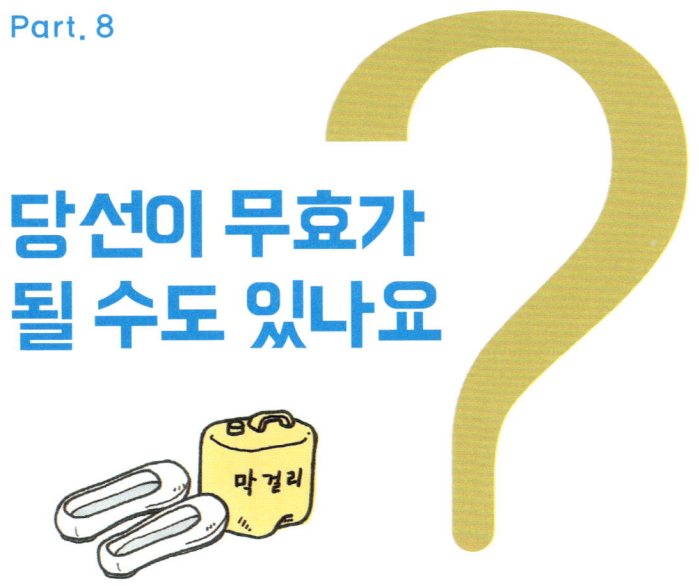

"얼큰 아저씨, 오늘 얼굴이 붉으신데, 혹시 매운 거 얼큰하게 드셨어요? 아니면 막걸리 드셔서 얼큰해지셨나요?"

선운이 친구 수현이가 놀러 왔어요. 그러고는 얼큰 아빠를 보자마자 한마디 했어요.

"아이쿠, 별명 제조기 수현이 왔구나. 아. 얼큰 아저씨 어릴 때는 선거철만 되면 동네 아저씨들 모두 이렇게 얼굴이 붉게 변하곤 했는데 말이야. 아, 옛날이여."

"선거철이 되었는데 왜 얼굴이 붉어져요? 혹시 동네 사람들이 후보랑

싸운 건가요?"

"아이고, 못 말려. 수현이 너 '막걸리 선거'라고 들어 봤니? 얼큰 아저씨가 자라던 1970~80년대엔 선거를 하면 유권자들이 돈도 받고, 막걸리도 얻어먹었지. 학교 운동장 같은 넓은 곳에서 국회 의원 합동 연설회를 할 때면, 항상 운동장 다른 쪽에선 술판이 벌어지고는 했단다. 그 자리에서 상대 후보를 욕하기도 하고, 데려온 이웃한테 어떤 후보 좋다며 권하기도 했지. 정치 이야기 하다 보면 옆 사람과 싸우고. 난리도 아니었단다."

"에이 설마. 그런 선거가 진짜 있었어요? 뭐 얻어먹고 그러면 다 무효 아닌가요?"

수현이가 믿기 어렵다는 얼굴로 물었어요.

"인정하기 싫지만 그것도 우리의 역사란다. 한국 전쟁이 끝나고 사람들이 모두 가난하던 시절에는 먹고 입을 것도 부족했지만 신발도 부족했어. 그래서 유권자에게 고무신을 선물하기도 했단다. 그걸 '고무신 선거'라고 했지. 바로 이 고무신 선거에 앞장선 사람이 바로 3·15부정 선거의 주인공인 이승만 전 대통령이었어."

선운이가 어이없다는 표정으로 물었어요.

"그때는 경찰이나 선거 관리 위원회도 없었나 보죠?"

"물론 경찰과 선거 관리 공무원이 있긴 있었지. 하지만 경찰이나 공무원들도 모두 한통속이 되어 돈을 받고 선물을 받는 일에 여념이 없었으니 불법 선거 같은 건 쉽게 눈감아 주곤 했단다."

이번에는 선운이가 한숨을 푹 쉬며 말했어요.

"정말 4·19혁명이 일어날 만한 상황이었네요."

"그래, 맞아. 부패한 선거 때문에 4·19혁명이 일어났다고 볼 수 있지. 그리고 '중앙 선거 관리 위원회'라는 기관도 선거를 투명하게 하려고 만든 거야. 줄여서는 중선관위라고도 한단다."

"그 좋은 중선관위는 누가 만들었어요?"

"놀라지 마. 바로 박정희 전 대통령이란다. 선거의 공정성을 보장하기 위해 1963년에 만들었어. '3·15부정 선거' 같은 일이 다시 일어나지 않기를 바라는 국민들의 뜻을 박정희 정부가 받아들인 결과였지. 물론 박정희도 선거를 공정하게 관리한 사람은 아니지만 말이야. 그래도 헌법에 중선관위를 만들게 해서, 선관위의 지위를 이전보다 높여 놓았다는 것은 잘한 부분이라고 할 수 있지."

"우와. 얼큰 아빠. 지금까지 이야기하면서 처음으로 박정희 전 대통령이 잘한 게 있다고 한 거 아세요?"

선운이가 날카로운 눈으로 쏘아보며 말했어요.

"허허. 녀석, 눈빛 한번 날카롭구나. 중앙 선관위는 헌법 제114조에서 정한 '선거와 국민 투표의 공정한 관리 및 정당에 관한 사무 처리'를 하는 기관이야. 중앙 선관위 아래에는 지방 선관위가 있어. 선관위는 최근 지방 선거, 주민 투표 및 주민 소환 투표, 위탁 선거 관리 등으로 영역을 점점 넓혀가고 있지. 게다가 정치 자금에 대한 관리 사무와 민주적인 시민으로서 지켜야 할 것에 대한 홍보와 교육도 하고 있단다. 특히 선관위의 독립성을 강조해서 공무원 채용도 별도로 하고 있지."

"따로 공무원을 뽑는다고 해서 독립성을 보장 받을 수 있나요?"

수현이가 물었어요.

"선거 관리는 어느 한쪽으로 치우치지 않는 공정함이 가장 중요하다고 할 수 있어. 그래서 중앙 선관위 구성도 헌법 기관답게 공정성을 추구해. 중앙 선관위는 9명의 위원이 중요한 결정을 내리는 구조로 되어 있어. 이 위원은 대통령 임명 3명, 대법원장 지명 3명, 국회 선출 3명으로 구성되고, 임기는 6년이야. 임기가 꽤 길지? 그만큼 신중하게 임명해야 한다는 이야기이기도 해. 헌법 재판소의 판사를 대통령이 3명, 대법원장이 3명, 국회에서 3명을 지명할 수 있는 권한이 있던 것과 같은 취지라고 보면 돼."

"얼큰 아저씨, 그렇다면 어떤 경우를 두고 공정하지 않은 선거라고 할 수 있나요?"

"먼저 유권자에게 금품이나 향응을 제공하면 절대 안 돼. 고무신, 막걸리 그런 거 다 금품이나 향응에 속해."

"에이, 요즘 그런 경우가 어디 있어요?"

"고무신이나 막걸리는 아니지만 2016년 4월에 치른 국회 의원 선거에서도 당선자의 부인이 유권자한테 돈을 준 것이 대법원에서 확정 판결을 받아 2017년 2월에 20대 국회 의원 한 명이 당선 무효가 된 일이 있었어. 후보뿐 아니라 선거 운동원, 가족 등도 유권자한테 돈, 선물, 음식 등을 주거나 정치 자금을 부정하게 사용하면 안 되는 거지."

"돈, 선물, 음식, 아무튼 무엇이든 절대 받지 말라고 우리 부모님한테도 전할게요. 또 어떤 선거가 공정한 선거인가요?"

"자신에게 유리한 말과 정보를 거짓으로 꾸며 사람들에게 퍼뜨려서도 안 된단다. 잘 모르고 거짓 정보를 퍼다 나르는 것도 문제가 될 수 있어. 자신이 유명한 명문 학교 출신이라고 학력을 속인다면 이 또한 법원 판결에 따라 당선 무효가 될 수도 있지. 지난 18대 대통령 선거에서는 국가 정보원이 박근혜 후보에게 유리한 인터넷 댓글을 달았지만, 현재 법원에서는 확정 판결을 내리지 않고 있어. 법원이 정치권의 눈치를 보고 있는 사이 당선자는 다른 잘못으로 파면이 되었고 말이야."

"거짓말을 하지 않는 건 너무 당연한 거 같아요. 남을 욕하고, 거짓말하는 건 원래 하면 안 되는 거라고 초등학교에서도 배우잖아요. 국민을 대신해 나랏일을 하겠다고 나선 사람이라면 누구보다 더더욱 깨끗해야지요."

"맞아, 수현아. 당연한 건데 그걸 지키지 않는 사람들이 있으니 문제지? 다음으로는 공무원의 정치적 중립이 반드시 필요해. 중립은 어느 편에도 치우치지 않는 것을 말해. 박근혜 정부에서 청와대 비서실장을 지냈고, 1992년에 법무부 장관이던 김기춘이란 사람이 있어. 김기춘은 제14대 대통령 선거를 앞두고 부산 '초원 복국'이라는 식당에서 당시 부산시장, 부산 지방 경찰청장, 부산시 교육감, 부산 지방 검찰청 검사장 등을 모아 민주자유당 후보였던 김영삼을 당선시키기 위해 지역감정을 부추기고, 야당 후보를 비방하는 내용을 널리 퍼트리자는 내용의 대화를 나눴어. 유명한 말인 '우리가 남이가?'란 말을 들어봤니? 이 말을 남긴 이 사건은 공무원이 정치적 중립을 지키지 않고 지역감정을 부추긴 아주 나쁜 사건으로 역사에 기록되었단다. 더 황당한 건 그 자리에 모인 공무원들이 벌을 받지 않고 오히려 이를 도청한 상대편 선거 운동원이 벌을 받았다는 사실이야."

"아, 정말 어린이 회장 선거에서도 그렇게 하지는 않아요. 어른들이 본받을 만한 행동을 하셔야죠."

선운이가 화가 난다는 듯 큰소리로 말했어요.

"맞아, 정말 부끄럽기 짝이 없는 행동이었지. 당시 몇몇 사람들은 지역감정을 선거에 이용하려고 했던 거야."

"지역감정이 뭐예요?"

선운이가 물었어요.

"지역감정은 다른 지역에 사는 사람들에 대해 좋지 않은 감정을 가지는 걸 말해. 이 지역감정은 1971년 대통령 선거에서 박정희가 김대중을 이기려고 대대적으로 부추긴 게 최근까지 이어졌단다. 그때 박정희를 도운 사람들은 정보 기관 요원들이었다고 해."

"중앙 선관위를 만든 박정희 전 대통령이 역시 또 공무원 중립 의무를 어기고 불법을 저질렀다는 거군요."

"그래. 수현아. 참 아이러니한 일이지? 그 밖에도 선거의 공정성을 해치는 일에 대해서는 선관위가 단속하고 조사하여 사법 처리를 요구할 수 있어. 후보자를 소개하는 벽보 같은 공공 게시물을 함부로 찢어서도 안 된단다. 다 선거법에 걸리거든."

"네 명심할게요. 그건 그렇고 아저씨. 아까 뭐 드신 거 아니에요? 얼굴이 아직도 붉은데요. 혹시 후보자한테 막걸리 얻어 드신 거 아니에요?"

"뭐라고? 에구에구. 못 말려 정말."

아무리 좋은 의도로 했다고 해도 절차에 문제가 있으면 책임을 져야 할 수도 있어요. 후보의 기호를 연상시킬 수 있는 'V'나 '엄지척'을 손가락으로 표현하고, 이를 사진이나 동영상으로 찍어서 인터넷에 올리는 것도 선거법 위반이 되는지에 대해 논란이 있었죠. 이후 국회는 활발한 선거 참여와 표현의 자유 확대를 위해 2017년 1월부터 SNS 등에 'V'나 '엄지척' 사진 등을 올려도 된다고 공직 선거법을 개정했어요.

하물며 부정 선거를 한다면 어떻게 할까요? 아직도 후보들은 "아니면 말고"식으로 확인되지 않은 허위 사실을 퍼뜨리는 경우도 많아요. 또한 '가짜 뉴스'라는 것도 만들어져서 사람들을 속이는 경우도 있어요. 뉴스처럼 작성되어 인터넷을 통해 유포되면 진짜라고 믿는 경우도 있거든요. 믿을 수 없는 내용이거나 누군가를 심하게 욕하는 내용이라면 가급적 SNS나 휴대폰 대화방 등으로 옮기지 않는 게 좋아요. 공정한 선거를 해친 사람은 소수일지라도 그 피해는 국민 모두가 입을 수 있으니 특별히 조심하고, 꼼꼼하게 감시도 해야겠죠?

더 알아봅시다!

● 중앙 선거 관리 위원회

  중앙 선관위 위원장과 상임 위원은 위원 중에서 호선(9명이 서로 논의해서 선출)하며, 관례상 대법관이 위원장으로 선출되어 왔어요. 위원은 정치적으로 어느 한쪽에 치우치면 안 되기 때문에 정당에 가입하거나 정치에 관여할 수 없어요. 또한 탄핵 결정으로 파면된 경우, 금고 이상의 형을 선고받은 경우가 아니면 해임·해촉·파면되지 않아요.

  중앙 선관위 아래에는 행정 업무를 보는 사무처가 있어요. 사무처에는 국무위원급(장관급이라고 봐도 됨)인 사무총장과 차관급인 사무차장 그리고 2실 1국 12과가 있습니다. 헌법에서 정한 "국민 투표 및 정당에 관한 사무를 통괄·관리"부터 "서울특별시·광역시 및 각 시·도 선거 관리 위원회, 구·시·군 선거 관리 위원회 및 읍·면·동 선거 관리 위원회 등의 하급 선거 관리 위원회를 지휘·감독"하는 일도 합니다.

중앙선거관리위원회

중앙 선거 관리 위원회 주요 권한

① 선거와 관련된 여러 가지 규칙을 만들어요. 선거는 절차와 방법에 많은 규칙이 필요하답니다.
② 부정 선거에 대한 조사 권한이 있어요. 후보자와 유권자만 조사하는 건 아

닙니다. 선거권이 없는 사람들도 선거에 영향을 주면 조사합니다.

③ 후보들의 선거 운동 본부에서 쓴 비용을 조사해요. 돈은 정해진 만큼만 써야 해요. 돈이 많은 사람이 돈으로 선거 분위기를 망칠 수도 있으니까요.

④ 선거법 위반 행위에 대한 조치를 취할 수 있어요. 선거법을 어겨서 선거의 공정성을 해치는 일이 생기면 사법 당국에 수사를 의뢰하기 전에 필요한 조치를 취하기도 해요.

⑤ 선거가 지나치게 뜨거워져 후보 측이 불법 시설물이나 광고물을 설치할 경우에 이를 직접 치울 수 있습니다.

⑥ 불법 선전물을 우편으로 보내는 것을 중간에서 못하게 할 수도 있어요.

⑦ 선거법 위반 행위 예방을 위해 교육과 홍보 활동을 해요. 그리고 선거법 위반 행위는 직접 나서서 단속합니다.

⑧ 공정한 선거와 관련 있거나 정당의 정치 활동에 관한 법을 만들거나 고치는 데 의견을 낼 수 있어요.

⑨ 선거를 치를 때 학교나 동사무소를 빌리는 일도 해요. 국민들이 편하게 선거에 참여할 수 있도록 필요한 여러 조치를 취하고 관계 기관에 협조를 구하는 일을 합니다.

● 지방 선거, 위탁 선거 관리

1) 지방 선거

지방 자치 단체는 지방 선거를 통해 대표를 뽑아요. 서울특별시를 예로 들어 보면. 서울시장, 서울시 의원, 구청장, 구의원, 서울시 교육감, 서울시 교육 위원 등은 지방 선거로 뽑습니다.

서울시장도 지방 선거로 선출돼.

서울특별시

이와 같은 지방 자치 선거는 1987년 6월 민주화 운동의 요구를 제도로 담아낸 결과라고 할 수 있어요. 1991년 기초의원 선거와 광역 의원 선거가 따로 실시되었고, 1995년 제1회 전국 동시 지방 선거, 1998년 제2회 지방 선거 이후 4년마다 한 번씩 실시되어 오늘에 이르고 있습니다.

1948년 정부 수립 이후에 지방 자치법이 만들어졌어요. 그리고 1952년 최초의 지방 의회(시·읍·면 의회) 선거가 실시되었죠. 이후 1961년 5·16군사 정변으로 박정희가 정권을 잡은 이후 지방 의회는 해산되고 그 후 30여 년 간 지방은 정부에서 임명한 사람들이 관리했어요. 행정 고시에 합격한 공무원, 하급 공무원에서 승진한 공무원, 군대에서 높은 지위에 있던 사람 들이 시장, 군수, 도지사에 임명되는 일이 많았답니다.

2) 위탁 선거

예전에 시골에서 유지라고 하는 사람들은 농협, 축협, 수협 등에 조합장으로 나가서 지역의 이권을 관리하곤 했어요. 아는 사람의 자녀를 농협에 취직시켜 주는가 하면 친한 사람에겐 농협의 돈을 담보 없이 빌려 주기도 했답니다. 그러다 보니 문제가 커져서 조합원들의 불만이 이만저만이 아니었어요.

그래서 중앙 선관위는 위탁 선거 제도를 만들어 우리 생활 주변에서 일어나는 선거를 공정하고 깨끗하게 관리하기로 했어요. 2005년 5월 산림 조합장 선거를 위탁받아 관리해 준 이후 2017년 3월까지 총 2만 7천여 건의 위탁 선거를 치렀다고 합니다.

또한 아파트, 연립 주택 등 공동 주택 임원 선거 등 각종 생활 선거의 경우도 해당 단체에서 지원해 달라고 요청을 하면 투표와 개표 업무를 지원해 주고 있습니다.

위탁 선거에는 '의무 위탁'과 '임의 위탁' 두 가지가 있어요.

의무 위탁은 그야말로 의무적으로 선관위에 위탁해야 하는 것을 말해요. 농협·축협·수협·산림 조합장, 국립대 총장, 농협 중앙회장, 수협 중앙회장 선거는 의무 위탁을 해야 해요. 공공성이 필요한 기관 안에서 이권에 개입한 부정 비리와 부정 선거가 많았기에 투명한 선거 관리가 필요했던 거지요.

'임의 위탁'은 반드시 위탁해야 하는 것은 아니고 선관위에 위탁하면 선관위에서 받아들여 선거를 관리해 주는 것을 말해요.

당의 후보자 추천을 위한 당내 경선, 중소기업 중앙회장, 정비 사업 조합장(재개발·재건축), 새마을금고 임원 선거 등이 있어요. 특히 아파트 재개발 같은 경우에 건설회사와 재개발 조합이 결탁한 비리가 많았어요. 그래서 요즘은 선관위에 위탁해 공정한 선거를 진행하려는 곳이 늘고 있어요.

위탁 선거 신청은 기관 또는 단체의 임원 임기가 끝나기 전 180일까지 담당하는 구·시·군 선관위와 협의를 한 뒤에 위탁 선거 신청서를 내면 됩니다. 신청이 받아들여지면 선거일 공고, 후보자 등록, 선거 운동 관리, 투표·개표. 당선인 결정 등 선거 전반에 관한 일을 선관위에서 대신해 준답니다.

Part. 9

어떤 사람이 대통령이 되어야 할까요

얼큰 아빠는 텔레비전을 보다가 깜짝 놀랐어요. 어린이들이 커서 되고 싶은 꿈 1위가 건물주라는 이야기가 나왔거든요. 놀란 아빠는 마침 학교에서 돌아온 쌍둥이에게 물어보기로 했어요.

"선아야, 선운아. 우리나라를 이끌어 갈 어린이와 청소년이 꿈 중에 '건물주'가 들어 있다는데, 그게 사실일까?"

"아빠. 저도 그 말 들었어요. 금수저로 태어나면 엄청난 유산 물려받아 건물 주인이 되는 거고, 아이돌 가수가 되면 돈 벌어서 건물 주인이 되는 거고, 축구 잘하면 프로선수 되어 결국 건물 주인이 되는 게 꿈이래요. 정말 어이가 없지요?"

"어이쿠. 선운이 너, 건물주에 관심 많았나 보네?"

"그럼, 우리 선아는 꿈이 뭐야?"

얼큰 아빠가 선아에게 다정하게 물었어요.

"아빠, 저는요. 당당한 '여자 대통령'이요. 박근혜 전 대통령이 우리나라 최초의 여자 대통령이었지만 잘못해서 결국 파면되었잖아요. 그게 정말 속상해요. 난 작은 일에도 세심하게 배려하고, 평화로운 통일을 이루어 가는 정말 좋은 대통령이 될 거예요. 아빠 생각은 어때요?"

"선운이와 선아 말을 듣자니 아빠 어릴 때 생각이 나는구나. 아빠가 어릴 땐 친구들끼리 잘살고 못사는 걸 따지지 않았어. 공부를 잘 하고 못 하는 것도 따지지 않았고 말이야. 그리고 많은 아이들의 꿈은 무조건 '대통령' 아니면 '과학자'였거든. '우리나라 잘살게 하는 대통령이 되겠다.'는 친

구와 '우주선 만들어서 외계인을 정복하겠다.'는 친구들이 서로 제가 잘났다고 떠들던 시절이었어."

"참 아빠 친구들의 꿈이 원대했네요. 근데, 요즘 학생들은 꿈보다는 어떻게 하면 부자로 살까, 조금 더 편안히 살까를 더 생각해요. 남들이 자신을 어떻게 보는지에도 관심이 많고요."

선운이가 항변하듯 말했어요.

"혹시 선운이 너도? '나만 잘 살자는 꿈은 나까지 못 살 수 있다.'는 말 들어봤지? 누가 한 말이냐고? 지금 얼큰 아빠가 하고 있잖아. 실은 아빠도 어릴 때부터 고등학교 입학할 무렵까지 대통령이 꿈이었어. 대단한 능력은 없었지만 열심히 준비해서 이 나라를 잘 이끌어 가고 싶었거든. 서로 도와가면서 모두 잘사는 나라를 만들고 싶었지."

"지금은 아니죠?"

"선아 눈 동그래지는 거 봐라. 아빠에게 그런 능력이 있을까? 40대 후반의 배 나온 아빠보다는 무럭무럭 커 나가는 너희들한테 가능성이 더 많지 않겠니? 네 친구들 중 누군가는 커서 대통령도 되고, 국회 의원도 될 수 있을 거야."

"아빠, 대통령이 되려면 어떤 능력이 있어야 해요?"

질문하는 선아의 눈이 반짝반짝거렸어요.

"그래, 미래의 여성 대통령 선아야. 잘 들어봐. 아빠 생각에는 대통령이 되려면 첫째, '리더십'이 필요한 것 같아. 리더십은 지도자로서 지녀야 할 덕목을 말해. 훌륭한 리더는 다른 사람의 의견을 충분히 듣는 포용력이 있어야 해. 더불어 합리적으로 생각하는 판단력, 하고자 하는 일을 적극적으로 밀어붙이는 추진력을 가진 사람이면 더욱 좋겠지? 혼자만의 생각을 고집하면 독재자와 다를 바가 없지. 대통령이 되면 언론, 국민, 전문가 들의 이야길 잘 들어야 하고 그걸 종합해서 빠르고 정확한 판단을 내리는 게 필요해."

"그렇다면 리더십이라는 건 어떻게 하면 갖출수 있는 건가요?"

여자 대통령이 되고 싶다던 선아가 계속해서 질문을 이어갔어요.

"음. 항상 남의 입장에서 생각해 보는 자세가 필요하겠지? 국민의 입장만이 아니라 약한 사람의 입장, 왕따 당하는 친구의 입장, 폐지 줍는 할머니의 입장에 서서 생각해 보는 거야. 그럼 다른 사람의 마음을 좀 더 이해하게 될 거야."

"그리고 또 뭐가 필요할까요?"

"음, 나나 다른 사람에게 문제가 있다면 고치려는 노력이 필요할 것 같아. 누군가를 괴롭히는 친구의 잘못을 지나치지 않거나, 친구들이 바르지 못한 행동을 할 때엔 그것에 동조하는 것이 아니라 잘 설득해서 옳지 못한 행동을 멈추게 해야 하지. 물론 쉽지 않겠지만, 지도자가 되려는 사람들에겐 꼭 필요한 자세란다."

"갖출 것이 아주 많군요. 훌륭한 지도자가 되기 위해선 또 뭐가 필요할까요?"

적극적인 자세로 질문하는 선아를 얼큰 아빠는 흐뭇하게 바라보며 대답을 이어 나갔어요.

"나라 운영에 대한 '비전'이 있어야겠지? 미국 대통령 트럼프는 '미국 우선주의'를 주장해 당선되었지. 이미 잘사는 나라인데 자기들만 더 잘살겠다고 주장하는 모습이 다른 나라 사람들에게 좋게 보이진 않았어. 그걸 트럼프의 비전이라고 믿어 준 미국 유권자들에게 실망스러운 마음도 들고 말이야. 한 나라의 운명을 책임질 지도자라면, 정치, 경제, 사회, 문화, 외교, 국방, 지역 발전 등에 대한 비전을 제시해야 하지. 다른 나라와 같이 협력하여 평화롭고 우애가 넘치는 세계 질서를 만들 수 있어야 해. 또한 국민들이 행복한 삶을 누릴 수 있도록 원칙을 세우고 그에 맞는 계획 또한 세울 수 있어야 하지."

얼큰 아빠는 지도자가 보여 주는 비전은 집으로 보면 기둥과도 같다고 했어요. 지도자가 되려는 사람이라면 학교 생활, 가정 생활, 친구 관계 등에 대한 원칙을 바로 세우고 화목하고 긍정적인 생활이 될 수 있도록 노력해야 한다고 쌍둥이에게 당부하고 또 당부했어요.

"그 정도면 지도자가 갖출 덕목을 다 갖추게 되는 건가요?"

"하나 더 덧붙이자면 청렴하고 바른 사람이어야 한다는 거야. 권력을 가진 사람은 그 자신도 깨끗해야 하지만, 가족과 친지도 함께 청렴해야 해. 박근혜 전 대통령은 스스로 청렴하다고 주장했지만 측근인 최순실의 이익을 위해 청와대 비서관들과 문화체육관광부를 이용했잖아. 높은 자리에 오르면 생각지도 못한 유혹이 기다리기도 해. 돈을 가져오는 사람, 취직을 시켜 달라고 부탁하는 사람, 어떤 사업을 하고 싶으니 도와 달라는 사람 등 온갖 비리의 유혹이 밀려든단다. 만약 선아가 대통령이 되었을 때는 이 아빠가 부탁을 한다 해도 거절할 수 있어야 한다는 거지."

"네. 그건 지금부터 연습해야겠네요. 아빠의 부탁은 일단 거절부터 하는 걸로."

"하하, 네가 거절할 때마다 대통령이 되는 훈련을 하고 있다고 생각하

마. 거기에 한 가지만 더 덧붙이면 지도자는 자신의 장점을 확실하게 보여 줄 수 있어야 해. 이를테면 민주화 운동에 몸을 던져 목숨 걸고 싸웠다거나, 지역 감정을 없애기 위해 끈질기게 주민들과 대화했다거나, 지방 자치 단체를 잘 이끌어서 지역 주민들의 지지를 한몸에 받는 등의 장점 말이야."

"아, 어지러워요. 정말 갖춰야 할 게 너무 많군요."

"이런 건 어때? 인권 변호사, 경제 전문가, 과학자, 의사, 정치인 등으로 국민을 위해 헌신한 경력이 있다면 사람들은 지도자가 될 자격이 있다고 믿어 주겠지? 4학년 때 매일 친구들과 싸우고 틈만 나면 약한 친구 괴롭히던 '똥주먹'이란 별명의 친구와 남들보다 청소를 열심히 해서 환경 미화상을 받은 '바른손'이란 별명의 친구가 5학년 어린이 회장 선거에 나온다면 선아 너는 누굴 지지할 거 같니?"

"그야 바른손을 찍겠죠. 그나저나 대통령 되는 게 하늘의 별 따기보다 어렵겠는데요. 포기할까요? 아무리 노력한다고 해도 저를 어떻게 알리겠어요."

"포기하기엔 아직 이르지. 국민 입장에서 보면 후보가 앞으로 어떻게 정치를 할지 쉽게 알기는 힘들어. 이전까지 문제없었다고 해도 대통령이 된 뒤에 어떤 나쁜 짓을 할지 모르니까 말이야."

"그럼 후보를 어떻게 알아봐야 하나요?"

"'후보 검증'이라고 하는 게 있어. 그 후보가 자격이 있는지 여러 단계에 걸쳐 검증해 보는 거야. 맨 처음엔 정당 안에서 후보를 뽑는 '당내 경선'을 거치게 돼. 정당 안에서 후보 한 명이 나와 경쟁 없이 '추대'로 후보가 되는 경우도 있지만, 대부분은 여러 후보들이 나와서 서로 토론하고 비판하며 스스로 얼마나 경쟁력이 있는지를 주장해. 그 과정에서 당원 투표와 국민 참여 등의 방법으로 최종 후보 한 명을 뽑지. 선아와 선운이도 후보 검증을 위해서 후보자들이 나와 TV 토론을 진행하는 걸 봤을 거야. 정책별로 주제에 맞게 후보자끼리 토론하는 모습을 보고 국민이 직접 판단하게 하

는 거지. 토론에서 잘 봐야 하는 건 말을 누가 매끄럽게 하느냐보다 상대의 물음에 누가 더 타당한 대답을 하는가와 후보의 생각이 일관성 있는지를 봐야 해."

"맞아요. 할머니도 늘 사람은 겉과 속이 똑같아야 한다고 하시잖아요."

"그렇지. 원자력 발전소 연장 문제와 반값 등록금 문제 등에 대해 물을 때 구체적으로 어떻게 하겠다는 이야기는 안 하면서 '제가 대통령이었으면 진작에 했을 겁니다.'라고 대답한다면 그 말에 믿음이 생길까? 이 대답은 18대 대통령 선거 토론에서 박근혜 후보가 했던 대답이기도 해."

"능력 없는 후보를 잘 가려내는 것도 중요하겠어요. 그러려면 일반 시민

들은 무얼 할 수 있나요?"

"후보 검증에는 시민들의 역할이 정말 중요해. 그 활동 중 하나가 바로 '매니페스토 활동'이라는 거야. 이것은 시민들이 후보들의 공약을 살펴보고 검증하기 위해 펼치는 시민 감시 활동을 말하지. 당선된 뒤 공약을 잘 지키는지 여부도 매니페스토 활동으로 감시한단다. 앞으로는 시민운동의 역할이 훨씬 중요해질 거라고 해."

"물론 마지막 후보 검증은 '투표'로 마무리되는 거겠죠?"

"역시, 얼큰 아빠의 딸, 선아로구나!"

∙∙∙

우리나라 제15~17대 대통령 선거에 세 번 출마했던 이회창 후보가 생각납니다. 서울대 법대를 나와서 대쪽 같은 판사로 이름이 높았고, 대법관과 감사원장을 지내 존경을 받는 법조인이었어요. 제15대와 제16대에는 한나라당 대통령 후보로 나와 아깝게 진 후보이기도 하고요. 다양한 평가가 있지만 아들의 체중을 속여 군대에 보내지 않았다는 의혹이 있어 결국 대통령이 되지 못했답니다.

대통령이 되고 싶은 사람이라면 '내가 보기엔 별거 아닌' 작은 실수라도 남들이 보기엔 '큰 문제'가 될 수 있다는 생각으로 매사에 조심하는 자세가 필요해요. 나라를 운영해야 하는 지도자라면 국민들은 누구보다 높은 도덕성을 요구하게 될 테니까요.

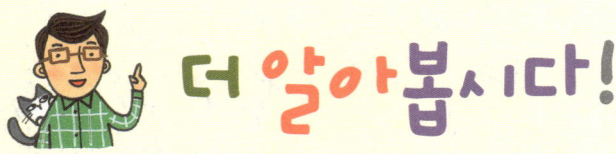

● 대통령 선거의 모든 것

〈자격〉 선거할 자격인 선거권은 만 18세 이상, 대통령에 출마할 자격인 피선거권은 선거일 현재 5년 이상 국내에 살고 있는 40세 이상의 국민에게 있어요.

〈선거 운동〉 후보자 등록 마감일 다음 날부터 선거일까지의 선거 기간은 23일이며, 대통령의 임기 만료일 전 70일부터 첫 번째로 돌아오는 수요일에 선거를 시행해요. 선거일이 국민 생활과 밀접한 관련이 있는 명절이나 공휴일과 겹치면 그 다음 주 수요일로 정해요. 선거일 전후로 휴일이 있을 때에도 다음 주에 합니다. 보궐 선거는 대통령이 파면이나 사임으로 그 일을 더 할 수 없는 날부터 60일 이내에 해야 합니다. 박근혜 전 대통령이 파면된 2017년 3월 10일부터 60일 뒤는 5월 9일이고, 그날 대통령 선거를 치르게 된 것입니다.

〈입후보〉 후보 등록은 후보자가 정당의 당원일 경우, 소속 정당의 추천을 받아야 합니다. 정당의 추천을 받지 못할 때에는 하나의 시·도에서 선거권자 500인 이상씩, 5개 이상의 시·도에서 총 3,500명~6,000명의 추천을 받으면 등록 가능합니다.

〈기탁금〉 선거 기탁금은 3억 원입니다. 과태료나 불법 시설물에 대한 집행 비용은 이 기탁금에서 부담합니다. 후보자가 당선되거나 15% 이상 득표하면 남은 기탁금은 전액 돌려받으며, 10~15% 사이일 땐 절반을 돌려받고, 10% 미만일 때는 돌려받지 못합니다. 후보자가 선거 중에 사망한 경우에도 전액 돌려받을 수 있습니다.

〈후보 기호〉 후보자의 기호는 국회 의석수가 많은 순서대로 받아요. 의석이 없는 정당은 명칭의 가나다 순, 무소속은 후보자 이름의 가나다 순으로 기호가 결정됩니다.

● **국회 의원 선거의 모든 것**

〈선거 일정〉 선거 기간은 후보자 등록 마감일 다음 날부터 선거일까지의 14일입니다. 국회의원의 임기 만료일 전 50일부터 첫 번째로 돌아오는 수요일(4월 9일~4월 15일 사이)에 선거를 시행합니다. 선거일이 공휴일인 때와 선거일 전후 공휴일인 때에는 그 다음 주 수요일에 선거를 합니다.

〈자격〉 선거권은 만 18세 이상, 피선거권은 만 25세 이상의 대한민국 국민에게 주어집니다.

〈구성〉 국회 의원의 정수는 300명으로, 지역구에서 선출되는 국회 의원 수 총 253명과 비례 대표 47명이 선출됩니다. 비례 대표는 국민들이 지지하는 정당을 선택하면 그 수를 종합하여 정당별로 당선자 수를 정하게 됩니다. 제20대 국회는 253개 지역 선거구로 구성되었는데, 서울특별시 49개, 부산광역시 18개, 대구광역시 12개, 인천광역시 13개, 광주광역시 8개, 대전광역시 7개, 울산광역시 6개, 세종특별자치시 1개, 경기도 60개, 강원도 8개, 충청북도 8개, 충청남도 11개, 전라북도 10개, 전라남도 10개, 경상북도 13개, 경상남도 16개, 제주특별자치도 3개랍니다.

〈후보자 등록〉 후보자 등록은 정당의 당원일 때 소속 정당의 추천을 받아야 합니다. 정당 소속이 아닐 경우 선거권자 300명에서 500명의 추천을 받아야 합니다.

〈기탁금〉 기탁금은 지역구 1,500만 원, 비례대표 500만 원입니다. 후보자가 당선이 되거나 또는 사망하거나 유효 투표총수의 15% 이상을 득표한 경우 전액을 돌려줍니다. 10% 이상 15% 미만일 때는 기탁금의 반만 돌려줍니다. 그리고 10% 미만을 득표하면 기탁금은 돌려받지 못해요.

〈후보 기호〉 후보자의 기호는 대통령 선거 기호 결정 방식과 같아요.

〈당선〉 당선인의 결정은 더 많은 표를 얻은 후보가 당선됩니다. 어떤 지역구에서는 후보 두 명 이상이 공동 1등이라면 나이 많은 사람이 당선된다고 합니다. 투표 마감 시각 전까지 후보자가 1인이 될 경우 그 후보자를 당선인으로 결정합니다.

Part. 10

탄핵이 뭐예요?

오랜만의 휴일, 얼큰 가족이 모두 거실에 모여 텔레비전을 보고 있었어요. 선운이가 TV를 보다 말고 갑자기 소리쳤어요.

"아빠라고 해서 TV 리모컨을 독점하는 건 독재 아닌가요?"

"선운이, 너 말 잘했다. 아빠가 유일하게 보는 프로그램이 뉴스잖아. 뉴스 끝나면 TV는 너네들 차지고."

"근데 아빤 뉴스가 그렇게 재밌어요? 맨날 했던 이야기 또 하고. 저 같으면 지루할 거 같은데."

"하하. 맨날 했던 이야긴 아닌데. 아빠가 너만 할 때는 뉴스만 켜면 전두환 전 대통령이 나오던 시절이 있었어. 뉴스 시작하는 9시를 알리는 알람이 '땡' 하고 울리면 '전두환 대통령은 오늘~~'로 시작하는 뉴스가 태반이었거든. 사람들은 우스갯소리로 이를 '땡전 뉴스'라고 불렀지."

"제대로 보진 않았지만 요즘 뉴스는 '탄핵'으로 시작하는 게 많았으니, '땡탄 뉴스'라고 할 수 있겠네요. 근데 탄핵의 뜻이 정확히 뭔가요?"

선운이가 알쏭달쏭한 표정으로 물었어요.

"원래 '탄핵(彈劾)'은 조선 시대에 사간원과 사헌부에서 관리들의 부정과 비리를 지적하고 직무를 정지시키던 제도에서 나온 말이야. 현대의 탄핵 제도는 영국에서 시작해 여러 나라에 영향을 주었지. 정부의 고급 공무원

또는 법관처럼 신분 보장을 받고 있는 공무원이 일을 하면서 법에 어긋나는 큰일을 저질렀을 때는 일반 법원이 아닌 국회의 의결로 처벌하거나 또는 파면하는 제도가 바로 탄핵 제도야. 이 제도는 나라마다 다른데, 영국, 프랑스, 멕시코 등에서는 형벌까지 내릴 수 있는 데 비해, 미국에서는 파면으로만 그치지. 양원제 의회에선 보통 하원이 소추하고 상원이 심판하는 나라가 많아. 우리처럼 헌법 재판소에서 최종 심판하는 나라도 있고."

우리나라 헌법은 대통령·국무총리·국무 위원·행정 각부의 장·헌법 재판소 재판관·대법관·중앙 선거 관리 위원회 위원·감사원장·감사 위원, 그리고 기타 법률로 정한 공무원이 헌법이나 법률을 어겼을 때에는 국회가 탄핵 소추 의결을 할 수가 있어요. 대통령은 국회 의원 3분의 2 이상의 찬성으로 의결하고, 나머지 고위 공무원은 2분의 1로 의결합니다.

"국회에서 소추안이 의결되고 나면 그다음엔 어떻게 해요?"

"헌법 재판소가 심판을 하게 되지. 선아와 선운이도 인터넷 생중계로 아빠랑 같이 봤잖아."

"기억나요. '대통령 박근혜를 파면한다.'는 판사의 이야기를 듣고 아빠가 만세 불렀잖아요."

"하하. 그랬지. 국회의 탄핵 소추 의결을 받은 자는 즉시 권한을 행사할 수 없어. 헌법 재판소가 탄핵 소추를 받아들이면 파면되고, 받아들이지 않

으면 다시 권한 행사가 가능해. 박근혜 전 대통령은 탄핵 소추가 받아들여져서 파면된 거지."

"아빠가 탄핵 소추안이 받아들여지는 건 '인용', 거부되는 건 '기각'이라고 하셨죠? 이건 자주 들어서 알아요."

선아가 어깨를 으쓱이며 알은척했어요.

"오! 식당 개 삼 년이면 라면을 끓인다더니, 역시. 헌법 재판소의 '탄핵 소추안' 인용에는 헌법 재판관 6인 이상의 찬성이 필요해. 박근혜 전 대통령은 재판관 9명 중 한 명이 중간에 퇴임했고, 나머지 8명 전원이 찬성했지."

"근데, 촛불 집회 말고 태극기 집회에서는 '탄핵 각하'를 요구하던 사람들도 있었대요. '탄핵 각하'는 뭐예요?"

"'탄핵 기각'은 신중하게 살펴보니, 파면할 정도는 아니라고 봐서 탄핵 소추안을 받아들일 수 없다는 것이고, '탄핵 각하'는 처음부터 탄핵 심판의 대상이 되지 못했다는 말이지."

"뉴스에서 보니 노무현 전 대통령도 국회에서 탄핵 소추안이 의결되어 헌법 재판소에서 심판한 적이 있다고 하던데요?"

"응 맞아. 2004년 3월 12일 국회는 여당인 열린우리당 의원들이 반발하는 가운데 찬성 193표, 반대 2표로 '대통령 노무현 탄핵 소추안'을 통과시켜. 그 결과 대통령 직무는 정지되었고 당시 고건 국무총리가 대통령의 권한을 대행했어. 한편 광화문을 비롯해 전국에서는 많은 국민들이 모여 '탄핵 반대 촛불 시위'를 벌였고."

"탄핵 소추안을 의결한 이유가 뭔데요?"

"노무현 전 대통령이 총선에서 여당이던 '열린우리당을 압도적으로 지지해 줄 것을 기대한다.'는 발언을 했는데 이것이 정치적 중립을 지키지 않은 발언이라는 거지. 그것이 빌미가 되어 국회에서 우리나라 최초 탄핵안을 가결하게 된 거란다. 결국 2004년 5월 14일 헌법 재판소는 탄핵 소추안을 기각하기로 결정해. 정치적 중립 의무를 위반했지만, 대통령직에서 내려올 정도의 잘못은 아니라고 판단했던 거지. 지난번에 말한 공무원의 정치적 중립이라는 게 참 무섭지? 하마터면 대통령이 탄핵되어 그 자리에서 물러날 뻔했으니까."

"탄핵이 인용되어 파면이 되면 그다음엔 어떻게 되나요?"

"파면이 된 뒤에는 민간인이 되는 거지. 얼큰 아빠랑 다를 게 없어지는 거야. 다만 일부 대우는 해 주나 봐."

"얼마 전에 파면된 박근혜 전 대통령이 구속까지 되었잖아요. 대통령이 구속되는 일이 또 있었나요?"

"우리나라에서 구속된 전직 대통령은 전두환, 노태우, 박근혜 세 명이야. 구속되면 구치소에 갇혀서 재판을 받게 돼. 대법원까지 세 번의 재판을 받을 수 있는데, 최종 판결이 나기 전에는 범죄를 의심받는 사람이어서 '피의자'라고 하지. 그리고 죄가 있다고 마지막 판결이 나면 그때는 '죄인'이 되는 거야."

"대통령이라는 자리에 앉아 있었는데, 구치소에 있는 모습을 보니 좀 불쌍하다는 생각도 들었어요. 아빠는 안 그래요?"

"불쌍하다기보다는 안타깝지. 그래도 한 나라의 대통령이었는데 말이야. 그래도 끝까지 죄를 인정하지 않는 '태도'는 용서하면 안 된다고 생각해. 이미 여러 증거들이 나오고 있고 13개나 되는 큰 범죄를 지었는데도 결백을 주장하고 오히려 억울하다는 입장만 고수하는 건 이해하기 어렵기도 하고 말이야 예전에 민주화를 요구하다 감옥에 갇혀 죽거나 고생한 사람들이 많았어. 그분들이 만들어 온 민주주의를 무시하고, 국가의 이미지를 훼손한 죄도 크다고 봐. 한 사람의 인간으로서는 불행하다는 생각이 들 수도 있지만, 국가와 국민을 상대로 지은 죄는 용서할 수 없다고 봐."

"그 죄가 너무 무겁긴 하네요."

"그러니 무거운 책임감과 국민에 대한 신뢰와 애정이 바탕에 깔려 있는 사람이 그 자리에 앉아야겠지. 뽑을 때는 유권자들도 냉정하게 판단해야 할 거고 말이야."

∴

 2016년 10월 최순실의 딸 정유라 이화여대 부정 입학부터 밝혀지기 시작한 최순실-박근혜 국정 농단 사건을 보면서 많은 사람들은 너무 실망한 나머지 "이게 나라냐?"라며 화를 내고 부끄러워하기도 했습니다. 대한민국 역사가 시작된 이후에 가장 치욕적인 사건이라고 해도 지나치지 않을 사건이었습니다. 뉴스를 보면서 가끔은 지겹기도 하고, 잘 모르는 이야기를 너무 길게 하여 짜증이 났을 수도 있습니다. 하지만, 이 책에 나온 이야기들을 다시 한 번 생각해 보세요. 국민과 대화하고 소통하기 위해 노력하지 않는 지도자는 더 이상 국민의 지도자가 아닙니다. 선거와 투표가 대화라고 여러 번 반복한 얼큰 아저씨의 주장도 제대로 된 지도자를 뽑자는 이야기이니 지겹더라도 꼭 기억해 주시기 바랍니다. 그리고, 여러분은 커서 대화와 소통으로 국민들의 아픈 마음을 어루만져 주는 훌륭한 지도자가 되어 주길 바라요.

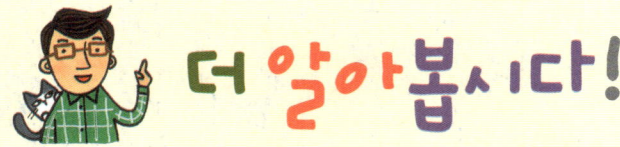

● 대통령 파면

　탄핵이 확정되어 파면된 사람은 파면된 날로부터 5년 동안 공무원이 될 수 없어요. 파면되면 연금을 받을 수도 없어요. 전직 대통령 예우에 관한 법률에는 대통령 시절에 받던 봉급 95%를 연금으로 주게 되어 있습니다. 전직 대통령이 탄핵되었을 때, 금고 이상의 형을 받았을 때, 형사 처분을 피할 목적으로 다른 나라로 망명했을 때, 한국 국적을 잃었을 때 등 4가지 경우에는 연금을 받지 못합니다. 그래도 경호는 해 주는데 이는 국가 기밀을 너무 많이 알고 있는 사람이니 국가 안전을 위해서라고 합니다.

　대통령 탄핵 소추안이 국회에서 의결되면 국무총리가 대통령 권한 대행을 합니다. 대통령 자리가 비었다는 말을 '대통령 궐위'라고 합니다. 예전 박정희 전 대통령이 총에 맞아 죽자 당시 최규하 국무총리가 대통령 권한 대행을 했습니다. 대통령 자리가 비면 대통령 권한은 국무총리, 기획재정부, 교육과학기술부, 외교통상부, 통일부, 법무부, 국방부, 행정안전부, 문화체육관광부, 농림수산식품부, 지식경제부, 보건복지부, 환경부, 고용노동부, 여성가족부, 국토해양부 장관 순으로 직무를 대행하게 됩니다.

　헌법 재판소의 탄핵 인용으로 대통령이 궐위된 때 또는 대통령 당선자가 사망하거나 판결이나 기타의 사유로 그 자격을 상실한 때에는 60일 이내에 후임자를 선거로 뽑아야 합니다.

소추란?
1. 형사 사건에 대하여 법원에 심판을 신청하여 소송에 관한 일을 하는 것. 형사 사건의 소추는 검사가 담당함.
2. 대통령을 포함한 고급 공무원이 직무를 집행할 때 헌법이나 법률을 위해하였을 경우 국가가 탄핵을 결의하는 일.

● **헌법 재판소 의결 정족수**

헌법 재판소 재판관은 9명으로 구성됩니다. 지난 2017년 3월처럼 일부 재판관이 퇴임이나 사망으로 9명을 채우지 못하는 때도 있어요. 재판부는 재판관 7명 이상의 출석으로 사건을 심리합니다. 재판관이 6명 출석하면 사건을 심리할 수 없어요.

재판부는 마지막까지 한 심리(종국심리)에 관여한 재판관 과반수의 찬성으로 사건에 관해 결정을 합니다. 만약 재판관이 마지막까지 7명으로 심리했다면 4명의 찬성이 필요합니다.

하지만, 무조건 재판관 6명 이상 찬성이 필요한 경우가 있어요. 법률이 헌법에 위배되었다고 결정할 때, 탄핵을 결정할 때, 정당 해산의 결정 또는 헌법 소원에 관한 인용 결정, 종전에 헌법 재판소가 판시한 헌법 또는 법률의 해석 의견을 변경하는 경우가 이에 해당합니다.

찾아보기

ㄱ

간접 민주주의 · 24, 26, 28
간접 선거 · 53, 69, 76, 95, 105
개표 · 13, 14, 47, 50, 54, 56, 58,
　　　71, 121
고무신 선거 · 110
공약 · 12, 13, 101, 132
공화국 · 22, 23, 30, 31, 74
국민 소환 · 29, 32, 33
국민 투표 · 10, 12, 26, 33, 47,
　　　84~89, 92, 93, 111, 118
국정원 댓글 · 78, 79
국회 의원 선거의 모든 것 · 136, 137
국회 의원 · 10, 17, 26, 28, 33, 38,
　　　44, 53, 60, 61, 69, 109,
　　　112, 136
기각 · 142, 143
기권 · 82
기탁금 · 135~137
김대중 · 40, 75~78, 115
김영삼 · 40, 76, 78, 115
김종필 · 78

ㄴ

노무현 · 142, 143
노벨 평화상 · 36, 84
노태우 · 75, 77, 78, 143

ㄷ

당내 경선 · 121, 130
당선 무효 · 62, 112, 114
대통령 선거의 모든 것 · 134, 135
대통령 · 122~133
대통령의 능력 · 124~129
대표제 · 61
독재자 · 74, 75

ㅁ

막걸리 선거 · 109
미국 · 31, 34~40, 53, 79, 95~98
민주주의 · 15, 18~23

ㅂ

박근혜 · 9, 18, 22, 38, 65, 72, 78,
　　　79, 82, 107, 114, 123, 128,
　　　131, 140, 143, 144
박정희 · 40, 74, 75, 86~91, 107,
　　　111, 115, 116, 146
부재자 선거(투표) · 55, 56
북한 · 23, 79, 107

브렉시트 · 85, 92
비밀 선거 · 51, 53, 54, 71

ㅅ

사사오입 개헌 · 70, 74
사전 투표 · 9, 55, 56
선거 관리 · 110~112, 118, 119, 121
선거구 · 60~62, 136
선거권 · 38, 40~45, 49, 51~55, 91, 119, 134~136
선거의 4대 원칙 · 50~54
선거 절차 · 12~13
셀마-몽고메리 행진 · 34, 36
소추 · 147
승자 독식 · 96, 97, 101

ㅇ

아고라 · 20~22
엘 클라시코 · 92, 93
여성 선거권(참정권) 43~44
영국 · 22, 23, 30, 44, 46, 85, 92, 104, 139, 140
오스트레일리아 · 47
외국인 선거권 · 42, 43
워터게이트 사건 · 79
위탁 선거 · 120, 121
유럽의 정치 · 104, 105

의회(정치) · 30, 31, 46, 102, 140
이승만 · 32, 66~75, 86, 91, 110
일본 · 23, 44, 47, 67~68, 71, 73,
일본의 정치 · 101~103

ㅈ

자유선거 · 51~52, 54, 71, 82
장기 집권 · 74, 102, 106, 107
전두환 · 74~76, 90, 139, 143
전자 투표 · 48, 50, 52, 56~58
절대 군주 · 23
정당 · 12, 32, 60~62, 74, 102, 106, 111, 118, 119, 130, 135, 136, 147
중국의 정치 · 103~104
중앙 선거 관리 위원회(중선관위, 중앙선관위) · 78, 110~112, 118, 120, 121, 140
지방 선거 · 42, 111, 119, 120
지방 의회 · 10, 18, 29, 32, 43, 120
지방 자치 단체 · 10, 13, 17, 29, 32, 43, 119, 120
지역 감정 · 115
직접 민주주의 · 21, 24~29, 33
직접 선거 · 51~53, 69, 105

ㅊ

참정권 · 44, 45
천안문 사태 · 104
최순실 · 128, 145

ㅋ
카메룬 · 106
쿠데타 · 74, 86

ㅌ
탄핵 · 22, 31~33, 64, 68, 78, 118,
138~143, 146, 147
탄핵 소추안 · 82, 139, 142, 143,
146, 147
투표 · 8~13, 18, 22, 25, 29, 33, 37,
40, 42, 45~60, 62, 62, 69,
71, 80, 82, 84, 88, 92~95,
97, 121, 132, 136, 137, 145

ㅍ
파면 · 18, 32, 33, 64~66, 72, 107,
114, 118, 123, 135, 141, 142,
143, 146
푸틴 · 106
프랑스 · 22, 30, 31, 44, 46, 58, 140
피선거권 · 38, 40, 45, 136

ㅎ
하야 · 64~66, 69, 72, 74, 75
헌법 · 10, 22~23, 26, 31~33, 40,
44, 45, 68~70, 74, 76, 86,
87, 102~105, 111, 112, 118,
140, 147
헌법 재판소 · 22, 32, 64, 93, 112,
140, 142, 143, 146,
147
후보 검증 · 130
흑인 참정권 · 36

...
12·12 사태 · 76
18세 피선거권 · 38
3·15부정 선거 · 71, 110~111
4·19혁명 · 64, 66, 67, 72~73, 75,
77, 110
5.16 군사 쿠데타(군사 정변) · 86, 120
6.29 선언 · 75, 78
6월 민주 항쟁(6월 민주화 운동) · 75, 77,
120

★알쏭달쏭, 투표와 선거에 관한 모든 것★
대통령은 누가 뽑나요?

초판 1쇄 2017년 5월 9일 | 초판 5쇄 2023년 3월 13일
글 정관성 | 그림 김미정 | 감수 이환춘 | 펴낸이 황정임
총괄본부장 김영숙 | 편집 이나영, 최진영 | 마케팅 이수빈, 고예찬 | 경영지원 손향숙
디자인 이재민, 이선영, 심재원

주소 (10880)경기도 파주시 교하로875번길 31-14 1층 | 전화 (031)942-53791 | 팩스 (031)942-5378
펴낸곳 도서출판 노란돼지 | 등록번호 제406-2009-000091호 | 등록일자 2009년 11월 30일
홈페이지 yellowpig.co.kr | 인스타그램 @yellowpig_pub

ⓒ 정관성, 2017
ISBN 979-11-5995-021-6 73300

이 책의 그림과 글의 일부 또는 전부를 재사용하려면 반드시 저작권자와 도서출판 노란돼지의 동의를 얻어야 합니다.
값은 표지 뒷면에 있습니다.

제조국 대한민국 | **사용연령** 10세 이상
주의사항 종이에 베이거나 긁히지 않도록 조심하세요. 책 모서리가 날카로우니 던지거나 떨어뜨리지 마세요.

＊2019년 12월 27일 공직 선거법 개정에 따라 본문 내용을 수정하였습니다.